# Das Akademische Kunstmuseum Zu Bonn...

Universität Bonn. Akademisches Kunstmuseum, Reinhard Kekulé

**Nabu Public Domain Reprints:**

You are holding a reproduction of an original work published before 1923 that is in the public domain in the United States of America, and possibly other countries. You may freely copy and distribute this work as no entity (individual or corporate) has a copyright on the body of the work. This book may contain prior copyright references, and library stamps (as most of these works were scanned from library copies). These have been scanned and retained as part of the historical artifact.

This book may have occasional imperfections such as missing or blurred pages, poor pictures, errant marks, etc. that were either part of the original artifact, or were introduced by the scanning process. We believe this work is culturally important, and despite the imperfections, have elected to bring it back into print as part of our continuing commitment to the preservation of printed works worldwide. We appreciate your understanding of the imperfections in the preservation process, and hope you enjoy this valuable book.

# DAS

# AKADEMISCHE KUNSTMUSEUM

# ZU BONN

VON

**REINHARD KEKULÉ**

MIT DREI TAFELN IN STEINDRUCK.

BONN,
EDUARD WEBER'S BUCHHANDLUNG.
R. WEBER & M. HOCHGÜRTEL.
1872.

Taf. I.

Lith Anst v J G Bach, Leipzig

# DAS

# AKADEMISCHE KUNSTMUSEUM

# ZU BONN

VON

**REINHARD KEKULÉ**

MIT DREI TAFELN IN STEINDRUCK.

BONN,
EDUARD WEBER'S BUCHHANDLUNG.
R. WEBER & M. HOCHGÜRTEL.
1872.

FA 46.3.3

HARVARD COLLEGE LIBRARY
GIFT OF JAMES M. PATON
AUGUST 15, 1928

Das erste Verzeichniss des akademischen Kunstmuseums zu Bonn ist im Jahr 1827 von F. G. Welcker, dessen Name mit der Gründung und Blüte des Museums unlösbar verbunden ist, veröffentlicht worden [1]. Eine zweite, vielfach veränderte und vermehrte Ausgabe erfolgte 1841 [2]; ihr schloss sich 1844 ein Nachtrag an [3]. O. Jahn, unter dessen Amtsführung die Zahl der Abgüsse sich verdoppelte, hatte die Absicht, an Stelle der nach und nach völlig vergriffenen Welckerschen Verzeichnisse ein neues, ausführliches Verzeichniss zu setzen, welches, nach Art dieser, zu einer wissenschaftlichen Benutzung des Museums anleiten sollte. Unter dem Druck der letzten Jahre ist dieser Plan unausgeführt und damit den Fachgenossen eine reiche Quelle der Belehrung uneröffnet geblieben. Eine kurze Uebersicht [4], welche O. Jahn 'dem Fleisse eines eifrigen Zuhörers' verdankte erschien 1866, 'um dem dringendsten Bedürfniss einstweilen zu genügen'; so

---

[1] Das akademische Kunstmuseum zu Bonn. Von dem Vorsteher desselben Prof. F. G. Welcker. Bonn, in Commission bei E. Weber. 1827. 104 S. 8⁰.

[2] Das akademische Kunstmuseum zu Bonn. Von dem Vorsteher desselben Prof. F. G. Welcker. Zweite, stark vermehrte Ausgabe. Bonn, in Commission bei E. Weber. 1841. 180 S. 8⁰.

[3] Neuester Zuwachs des akademischen Kunstmuseums zu Bonn, verzeichnet von F. G. Welcker. Bonn, in Commission bei E. Weber. 1844. 27 S. 8⁰.

[4] Kurzes Verzeichniss des akademischen Kunstmuseums in Bonn. Bonn, A. Marcus, 1866. 48 S. kl. 8⁰. — Auch Overbecks Kunstarchäologische Vorlesungen, im Anschluss an das akademische Kunstmuseum in Bonn (Braunschweig 1853) gehen, wie der Titel lehrt, von dem Bestande des Bonner Museums aus.

verdienstlich diese Uebersicht war, musste der Wunsch nach einer ausreichenden Verzeichnung rege bleiben.

Indem ich mich der nicht länger aufschiebbaren Herstellung eines neuen Katalogs unterzog, würde ich am liebsten das Welckersche Verzeichniss wiederholt und mit Zusätzen versehen haben. Da sich dies als nicht thunlich, eine neue Ausarbeitung als notwendig erwies, habe ich wenigstens möglichst viel — mehr als dies bei anderem Anlass angemessen sein würde — von Welcker übernommen, öfter selbst dann, wenn die Welckerschen Umschreibungen nichts individuell bedeutsames enthielten; ich konnte dabei die Aenderungen in Welckers Handexemplar und andere handschriftliche Notizen benutzen. Auch Anderer Ansichten und Urteile schien es öfter zweckmässig mit ihren eigenen Worten anzuführen; ich bin in dieser Auswahl sehr bestimmten Absichten gefolgt, ohne dass ich die Welckerschen wie die anderen Aussprüche völlig und durchaus vertreten zu können mir anmaasste oder auch überall geneigt sein könnte.

Schon das zweite Welckersche Verzeichniss hatte von einer durchgängigen Uebereinstimmung mit der Aufstellung absehen müssen. Dass für die Anordnung unserer Gipssammlungen historische Gesichtspunkte die zumeist maassgebenden sein müssen, sollte billig einer Discussion nicht mehr bedürfen. In der That hat sich die historische Gruppirung der Monumente, nicht im einzelnen, aber in den grossen Zügen, weit bestimmter und übereinstimmender herausgestellt als misswollende und auf mangelhafter Kenntniss beruhende negirende Kritik dies anerkennen möchte. Aber dem Ideal einer historischen Aufstellung treten oft genug räumliche Schwierigkeiten in den Weg: auch um der historischen Erkenntniss willen, muss als oberster Grundsatz gelten, dass stets dem bedeutendsten Kunstwerke der unter den gegebenen räumlichen Bedingungen vortheilhafteste Platz angewiesen werde, und sich dem die historische Anordnung anzubequemen habe.

Der Katalog folgt einer historischen Anordnung; aber nicht peinlich. Nicht nur dass, wie ähnliches auch bei jeder historischen Erzählung stattfindet, um bedeutendere Monumente verwandte, rückgreifend und vorgreifend, gruppirt sind; auch sonst sind einzelne Reihen lieber zu Ende geführt als unterbrochen worden; und es hat eine durchgängige, zum Theil nur äusserlich praktische Rücksicht auf Material und Gattung der Denkmäler stattgefunden. Die Gründe der Anordnung werden dem einsichtigen und wohlwollenden auch ohne weitere Ausführungen stets leicht kenntlich sein.

Die erneuerte Besprechung des Steinhäuserschen Apollokopfes, welche, als von der im übrigen erstrebten Darstellungsweise abweichend, in den Anhang verwiesen ist, würde ich lieber unterlassen haben. Die Schlichtung von Meinungsverschiedenheiten, wie sie hierbei zu Tage gekommen sind, ist es vielleicht am besten, dem Urteil der fortschreitenden Zeit zu überlassen, um so mehr, als es schwer ist, sie anders als in sehr grossem Zusammenhang zu erörtern. Aber es schien mir nicht passend, nachdem ein Mann von der Auctorität Brunns Einsprache erhoben, einfach auf meiner Meinung zu beharren ohne die Gründe anzugeben. Die Zeichnung des Apollokopfs auf Taf. I verdanke ich, ebenso wie die der beiden andern Tafeln, der freundschaftlichen Bereitwilligkeit des Architekten Herrn Reinike. Auch Herrn stud. F. C. von Duhn freut es mich, meinen Dank für mannigfache Unterstützung bei der Herstellung und Correctur des Katalogs öffentlich wiederholen zu können.

Das akademische Kunstmuseum zu Bonn hat sich vielfacher, vor allem den glänzenden Namen F. G. Welckers und O. Jahns verdankter Gunst zu rühmen. Ausser dem regelmässigen Fonds und nicht seltenen ausserordentlichen Verwilligungen von Seiten des Staats sind ihm viele und reiche Geschenke von Vereinen und Privaten, in glänzender Weise bei dem fünfzigjährigen Jubiläum unserer Universität, wie ohne solchen festlichen Anlass zu Theil geworden. Ein Verein von Studirenden an der hiesigen Universität vermehrt seit einer Reihe von Jahren die Sammlung mit wertvollen Geschenken. Aber dennoch scheint man in Bonn selbst und in der Provinz nicht durchaus zu wissen, ein wie seltener Schatz mannichfacher Belehrung und des edelsten Genusses durch diese reichste aller gleichartigen Universitätssammlungen in nächster Nähe und bequem zugänglich ist. Dies Verzeichniss ist in erster Linie zum Führer und Wegweiser bei eingehender Betrachtung bestimmt; es ist so eingerichtet, dass es auch von dem flüchtigern Besucher benutzt werden kann. Möchte es dazu beitragen, unserer Sammlung eine erhöhte Aufmerksamkeit zuzuwenden; möchte es vor allem die Lehrer unserer Gymnasien, die selbst unser Museum durch wertvolle und schöne Geschenke vermehrt haben, von neuem daran erinnern, wie leicht sie durch die Anschauung der herrlichsten Kunstwerke des Altertums sich selbst erfrischen, ihre Schüler begeistern können.

**Bonn,** im August 1872.

**R. K.**

## Verzeichniss der Abbildungen.

Tafel I. Der Steinhäusersche Apollokopf. Vergl. no. 297 p. 148 ff.
Tafel II, 1. Doppelherme des Aristophanes und Menandros. Vergl. no. 688.

II, 2. Doppelherme des Sophokles und Euripides. Vergl. no. 687.
Tafel III. Bruchstück eines griechischen Grabreliefs. Vergl. no. 37.

p. 36. Attische Münze, nach der Abbildung bei Brunn Ueber die sogenannte Leukothea und einem, Herrn Prof. Dr. Reber verdankten, Abdruck.

p. 60. Menelaos und Patroklos, nach der Donnerschen Restauration.

p. 147. Scarabäus aus Aegina, Agat. Früher in der Sammlung des Freiherrn von Prokesch-Osten.

## 1. Das Löwenthor von Mykenae.
Kalkstein. — Mykenae.

Abgebildet Archäol. Zeitung 1865 Taf. 193. Vergl. ebd. p. 1—13 (Adler). Friederichs Bausteine zur Geschichte der griechisch-römischen Plastik no. 1.

Die Löwen setzen, symmetrisch geordnet, die Vordertatzen auf eine von zwei Untersätzen getragene Platte, auf welche eine Säule gestellt ist. Die Köpfe, welche Pausanias (II, 16, 5) vermutlich noch sah, sind abgebrochen. Sie waren, während die Leiber in's Profil gestellt und im Relief gehalten sind, en face und rund vorspringend, dem in das Thor Eintretenden entgegen gerichtet, und, um Material und Arbeit zu sparen, besonders gearbeitet und angesetzt. In dem Kapitell der nach unten ein wenig verjüngten Säule hat man Analogie mit den Formen lykischer Bauten und die Elemente ursprünglicher Holzconstruction nachgewiesen. Doch wird die hiervon ausgehende Deutung, nach welcher die Säule mit ihren architektonischen Gliedern als Ausdruck und Symbol des aufgerichteten Herrscherhauses gelten soll, sich schwerlich als ausreichend erweisen. Eine derartige Abstraction ist der Kunststufe, welcher das Monument angehört, nicht wohl zuzutrauen und von der beiläufigen Andeutung eines Baues durch eine Säule, wie sie auf Vasenbildern vorkommt, wesentlich verschieden. Von anderer Seite ist vermutet worden, dass irgend ein nicht erhaltener Gegenstand (man könnte etwa an ein candelaberartiges Gerät, einen Dreifuss oder dergl. denken) oben auf der Säule aufstehend dargestellt gewesen sei.

Die oft ausgesprochene Meinung, dass dieses Kunstwerk ausser allem Zusammenhang mit der griechischen Kunst sei, und an ihm nichts griechisch genannt werden könne als das Material und der Boden auf dem es steht, ist irrig. Dem Gegenstand nach ist es mit den asiatischen Monumenten nah verwandt. Aber die Auffassung und Wiedergabe der lebendigen Natur ist frisch und selbständig. Schon in diesem ältesten Denkmal griechischer Kunst offenbart sich zugleich mit der Mühe der Schwierigkeiten Herr zu werden, das lebhafte und redliche Verlangen, die natürlichen Formen und ihren Zusammenhang treu und sachgemäss auszudrücken, welches von der äusserlichen Routine und erstarrten Convention der ornamentartigen assyrischen Thierdarstellungen weit und sichtbar genug abliegt; ebenso wie sich eine Figur, wie der Apoll von Tenea (no. 2), von den ägyptischen Darstellungen der menschlichen Gestalt deutlich unterscheidet.

Die Naturwahrheit der von Pausanias als Löwen bezeichneten Thiere ist mit Unrecht und vermutlich nur deshalb vermisst worden, weil die Köpfe fehlen und die ursprünglich aufgetragenen Farben nicht mehr sichtbar sind. Durch diese waren ohne Zweifel auch die Mähne, welche an einer leichten Erhöhung kenntlich ist, und der Büschel am Ende des Schweifes deutlich bezeichnet.

## 2. Apollon von Tenea.

Marmor. — München, Glyptothek.

Abgebildet Monumenti dell' Istituto archeologico IV, 44. Vergl. Brunn Beschreibung der Glyptothek no. 41. Friederichs Bausteine no. 3.

„Die Grundverhältnisse der Gestalt in der Anlage des Knochengerüstes, das Gestreckte der Schultern und des Halses, die Schmächtigkeit der Mitte des Körpers mögen der Natur nicht überall entsprechen; aber der Künstler ist nicht gefesselt durch einen unabänderlich gegebenen conventionellen Kanon, sondern er gibt die Natur, wie sie seiner noch kindlichen Beobachtungsgabe erscheint. . . . . . .'. In der technischen Behandlung lässt sich bestimmt herausfühlen, dass sich die Marmorsculptur noch nicht lange von der älteren Holzschnitzerei losgelöst hat. Nicht nur erinnert die knappe Anlage ohne hervorstehende Theile an die aus einem Holzstamme geschnitzten Idole, sondern alles ist etwas scharfkantig zugeschnitten, und auch im Einzelnen erscheinen z. B. die wenig vertieften Formen an der Begrenzung der Rippen nach dem Leibe zu wie herausgeschält, die scharfen Formen um die Mundwinkel herum wie mit dem Messer geschnitten, während anderer Seits z. B. die welligen Partieen des Haares nicht mit dem Meissel, sondern wie mit der Holzraspel ausgeführt scheinen." Brunn.

## 3. Apollokopf.

Marmor. — London, British Museum.

Abgebildet Ancient Marbles in the British Museum IX, 40, 4. Vergl. ebd. p. 183.

## 4. Relief von Samothrake.

Marmor. — Paris, Louvre.

Abgebildet Millingen Anc. uned. mon. II, 1. Müller-Wieseler I, 11, 39. Vergl. Annali dell' Istituto archeologico 1829 p. 220 f. zu tav. d'agg. C (Stackelberg). Kirchhoff Studien zur Geschichte des griech. Alphabets [2] p. 28 f. Annali dell' Istituto 1870 p. 278 f. (Conze).

Es ist nicht unwahrscheinlich, dass dieses unvollständige Relief die Seitenlehne eines Sessels ausmachte. Erhalten sind die drei durch Inschriften bezeichneten Figuren des Agamemnon ($Ἀγαμέμνων$), des Heroldes Talthybios ($Ταλθύβιος$) und des Epeios ($Ἐπε[ιός]$). Die flache Reliefzeichnung war durch Farbe ergänzt und belebt.

### 5. Fries von Assos.

Granit. — Paris, Louvre.

Abgebildet Clarac Musée de sculpture pl. 116 A no. 2. Vergl. Friederichs Bausteine no. 4. 5.

Das hier vorhandene Stück stellt ein Trinkgelage dar. Dadurch dass die Zechenden gelagert sind und der einschenkende Knabe aufrecht dargestellt ist, sind die Proportionen in ein sehr auffälliges Missverhältniss geraten.

### 6. 7. Metopen von Selinus.

Tuff. — Palermo.

Abgebildet Serradifalco Antichità di Sicilia II, 25. 26. Müller-Wieseler I, 4, 24. 5, 25.

Es sind die beiden ältesten Metopen vom mittleren Tempel auf der Akropolis.

(6) Herakles trägt die gefangenen Kerkopen.

(7) Perseus tödtet die Medusa, vor welcher ein Pferd — Pegasos, der nach der Sage aus ihrem Blute entstand — in kleinerer Proportion dargestellt ist. Dabei Athena.

### 8. Vierseitige Basis.

Stein. — Sparta.

Abgebildet Annali dell' Ist. 1861 tav. d'agg. C. Vergl. ebd. p. 18 ff. (Conze und Michaelis) 1870 p. 272 ff. (Conze). Archäol. Zeitung 1870 p. 21 (Heydemann und Engelmann) 1871 p. 46 ff. (Bötticher).

Auf jeder Schmalseite ist eine aufgerichtete Schlange dargestellt; auf der einen breiteren Seite ein Mann, der eine Frau, sie mit der linken Hand am Hinterkopf fassend, ersticht. Auf der anderen eine andere Frau und ein anderer Mann in ganz entsprechender Haltung. Was die Frau in der linken Hand hält, ist nicht klar, eine Deutung des Ganzen bisher nicht gelungen.

### 9. Relief.

Kalkstein. — Sparta.

Abgebildet Annali dell' Ist. 1870 tav. d'agg. Q. Vergl. ebd. p. 278 ff. (Conze). Bullett. 1870 p. 35 (Förster).

Dionysos und eine Göttin, thronend. Dionysos hält in der rechten Hand einen Kantharos, in der Linken einen Granatapfel. Die Hinterbeine des Stuhles des Dionysos gehen in Ochsenklauen aus, die Armlehnen in Widderköpfe. — Die Anwendung von Farbe lässt sich mit Bestimmtheit voraussetzen.

### 10. Relief, Bellerophon im Kampf gegen die Chimära.

Terracotta. — London, British Museum (aus Melos).

Abgebildet Millingen Anc. uned. mon. II, 3. Müller-Wieseler I, 14, 52. Vergl. Schöne Griechische Reliefs p. 61 no. 8.

### 11. Relief, Perseus und die Medusa.

Terracotta. — London, British Museum (aus Melos).

Abgebildet Millingen Anc. uned. monum. II, 3. Müller-Wieseler I, 14, 51. Vergl. Schöne Griech. Reliefs p. 61 no. 6.

Perseus, zu Ross, hat mit der Harpe, die er in der linken Hand hält, der Medusa das Haupt abgeschnitten, und flieht, dieses in der rechten Hand haltend, vor deren Schwestern davon. Dem Körper der Medusa, die am Rücken geflügelt ist, entsteigt Chrysaor.

### 12. Relief.

Terracotta. — London, British Museum.

Abgebildet Welcker Alte Denkm. II Taf. 2, 20. Vergl. ebd. p. 225 ff. O. Jahn Ueber Darstellungen griech. Dichter auf Vasenbildern Abh. der sächs. Gesellsch. der Wissensch. VIII (III) Taf. II, 2 p. 708 ff. Annali dell' Ist. 1871 p. 17 (Klügmann). Schöne Griech. Reliefs p. 62 no. 31.

Man pflegt diese Darstellung auf das Zwiegespräch des Alkaeos und der Sappho zu deuten, welches man aus Aristoteles Rhetor. I, 9 p. 1367 folgern will . . . . . . ὥσπερ καὶ Σαπφὼ πεποίηκεν, εἰπόντος τοῦ Ἀλκαίου 'θέλω τι ϝείπην, ἀλλά με κωλύει αἴδως'

αἰ δ' ἦχες ἔσλων ἴμερον ἢ κάλων
καὶ μή τι ϝείπην γλῶσσ' ἐκύκα κάκον
αἴδως κέ σ' οὐ κίχανεν ὄππατ'
ἀλλ' ἔλεγες περὶ τῶ δικαίως

Irgend ein ausreichendes Kennzeichen dafür, dass in dem Relief jenes angebliche Zwiegespräch, und überhaupt, statt einer Scene des täglichen Lebens, Sappho und Alkaeos dargestellt seien, möchte sich schwerlich anführen lassen.

### 13. Relief, Jagd des kalydonischen Ebers.

Terracotta. — Berlin (aus Melos).

Abgebildet Berichte der sächs. Gesellsch. d. Wissensch. 1848 vor p. 123. Vergl. ebd. p. 123 ff. (O. Jahn). Stephani Compte-rendu pour 1867 p. 84. Schöne Griech. Reliefs p. 61 no. 10.

Der Eber hat im Vorstürmen einen Hund getödtet — der unter ihm auf dem Rücken liegt — und den Ankaeos am rechten Bein verwundet. Die Jägerin ist die schnellfüssige Atalante, welche den Eber im Lauf eingeholt hat, und jetzt, da es sich um einen Kampf in der Nähe handelt, nicht mit den Pfeilen, sondern mit einem Waidmesser angreift. Der Jäger, der die Keule schwingt, ist nicht mit Sicherheit zu benennen. Der Held, der als Hauptfigur, den Eber von vorn angreifend, ihn mit der linken Hand am Ohr gefasst hat, mit der Rechten mit einem Doppelbeil zum Schlage ausholt, kann nur Meleagros sein.

Das Relief ist, wie no. 10—12 zum Aufsetzen auf einen Hintergrund bestimmt gewesen; die Löcher sind für die Nägel, mit denen die Reliefs befestigt wurden. Bei den älteren Beispielen dieser Gattung Reliefs (no. 10—12) ist der Grund den Conturen der Figuren und Gruppen genau folgend abgeschnitten. Auch hier ist der Grund oben und an den Seiten nicht regelmässig abgeschnitten, sondern folgt im allgemeinen der Bewegung der Composition, aber er fällt nur zum geringsten Theil mit dem Contur einzelner Glieder der Figuren zusammen.

### 14—27. Figuren aus den Giebeln des Tempels der Athena in Aegina.

Marmor. — München, Glyptothek.

Abgebildet Müller-Wieseler I, 6—8. Vergl. Friederichs Bausteine no. 32 ff. Brunn Ueber das Alter der aeginetischen Bildwerke in den Berichten der Münchener Akademie 1867 II p. 1 ff. Beschreibung der Glyptothek p. 66 ff. (no. 54 ff.).

In dem westlichen Giebel (no. 14—23) war der Kampf der Griechen und Troer um den gefallenen Achill dargestellt.

In der Mitte steht Athena. Ihre Parteinahme für die Griechen ist nur aus der Haltung des Schildes und der Richtung der Füsse und Beine zu erraten. Ihr zu Füssen liegt Achill. Auf dieser Seite folgen zunächst der Vorkämpfer der Griechen Aias, ein anderer, geduckter Lanzenkämpfer, dann der Bogenschütze Teukros, endlich in der Ecke des Giebels ein Verwundeter. Auf Seiten der Troer suchte der Vorderste den gefallenen Achill herüberzuziehen. Da diese Figur im Westgiebel nicht erhalten ist, so ist, um die Gesammtwirkung der Composition klar zu machen, an dieser Stelle die ganz entsprechende Figur aus dem Ostgiebel (24) eingefügt worden. Der Vorkämpfer auf troischer Seite ist Aeneas, der Bogenschütze Paris, welcher Achill erlegt hat. Die beiden anderen Figuren sind so wenig als die entsprechenden Griechen mit einiger Wahrscheinlichkeit zu benennen.

In München sind die Originale bisher noch so aufgestellt, dass die beiden Bogenschützen nicht die zweite Stelle von den Ecken aus einnehmen, sondern die dritte vor den geduckten Lanzenkämpfern. Die hiesige Aufstellung der Bogenschützen neben den Verwundeten ist nach dem Vorschlag von Friederichs und Brunn. Friederichs hat besonders hervorgehoben, dass diese Stelle den in die Ferne kämpfenden Schützen sachlich angemessener ist; Brunn, dass auf diese Weise die Composition freier und schöner wird. Sie zeigt alsdann statt eines figurenweisen schematischen Ansteigens nach der Mitte ein Ansteigen in paarweisen Gliedern.

(25) Herakles als Bogenschütze, aus dem Ostgiebel.
(26. 27) Firstfigürchen.

## 28. Gorgoneion.

Terracotta. — Athen, Akropolis.

Abgebildet Ross Archäol. Aufs. I Taf. 8. Vergl. ebd. p. 109. Friederichs Bausteine no. 12. Annali dell' Ist. arch. 1871 p. 213 ff. (Dilthey).

Es ist ein Stirnziegel, an welchem im Original die Bemalung kennbar ist.

„..... das Haupthaar liegt in dichten krausen Locken auf der Stirn; unter der Stumpfnase öffnet sich der breitgezerrte Mund und zeigt die langen, gelben Hauzähne und die hervorgestreckte Zunge; zu beiden Seiten des Kinns unter den Wangen, wo der dicke Hals anfängt, ringeln sich zwei kleine schwarze Schlangen mit langem spitzigem Barte. Die Farben sind ziemlich stark verblichen; das Gesicht hat eine fahle Todtenfarbe, die Zunge ist begreiflich rot, das Haar bläulich schwarz ..... Die Farben erinnern an die Beschreibung der Keren bei Hesiod scut. Herc. 248

..... αἱ δὲ μετ' αὐτοὺς
Κῆρες κυάνεαι, λευκοὺς ἀραβεῦσαι ὀδόντας,
δεινωποὶ βλοσυροί τε δαφοινοί τε"          Ross.

## 29. 30. Harmodios und Aristogeiton.

Marmor. — Neapel, Museo nazionale.

Abgebildet Mus. Borbon. VIII, 7. 8. Mon. dell' Ist. VIII, 46. Archäol. Zeitung 1859 Taf. 127. Vergl. ebd. p. 65 ff. (Friederichs) 1869. 1870 p. 106 f. (Benndorf) zu Taf. 24, 1. 2. 3. Annali dell' Ist. 1867 p. 304 ff. (Benndorf). Friederichs Bausteine no. 24. 25. Verh. der Philologenversamml. zu Kiel 1869 p. 37 ff. (Overbeck). Hermes VI p. 93 ff. (Köhler).

Auf der athenischen Agora sind nach dem Sturze des Hippias (Ol. 67, 3) die Bildsäulen des Harmodios und Aristogeiton, der von den Athenern hochgefeierten Mörder des Hipparchos aufgestellt worden. Diese Gruppe, ein Werk des Künstlers Antenor, wurde von Xerxes (Ol. 75, 1) fortgeschleppt und Ol. 75, 3 durch eine neue von der Hand des Kritios und

Nesiotes ersetzt. Nachdem die ältere Gruppe von Alexander oder einem seiner Nachfolger den Athenern zurückgegeben worden, standen beide nebeneinander, wie sie noch Pausanias (I, 8, 5) sah.

Eine Nachbildung einer dieser Gruppen, welche beide aus Bronze und, wie vorauszusetzen ist, in allem wesentlichen durchaus ähnlich waren, hat Stackelberg (Gräber der Hellenen p. 33) in einer athenischen Münze und dem Relief eines Marmorsessels nachgewiesen. Eine statuarische Copie erkannte Friederichs in den beiden, in Neapel getrennt aufgestellten Figuren, deren Abgüsse hier zu einer Gruppe zusammengestellt sind.

Die beiden Athener sind in der Stellung des Angriffs dargestellt. Der Jüngere, Harmodios, hat, vorstürmend, die rechte Hand zum Schlag erhoben. Er hielt darin ein Schwert. Der Aeltere, Aristogeiton, ist zunächst bestrebt den Genossen zu schützen. In der vorgestreckten linken Hand hielt er die Schwertscheide, in der gesenkten Rechten das Schwert. Der Kopf war bärtig; der vorhandene Kopf ist antik, aber nicht zugehörig, während an der Figur des Harmodios der Kopf der ursprüngliche ist, aber der Körper stärker ergänzt werden musste als an der anderen Figur.

Friederichs war geneigt, als Original der Statuen eher das Werk des Kritios und Nesiotes, als das ältere des Antenor vorauszusetzen. Benndorf hat eine entsprechende, aber sehr viel unvollkommener erhaltene Gruppe in zwei Statuen des Giardino Boboli in Florenz nachgewiesen und aus dem Umstande, dass diese einen jüngeren attischen Kopftypus und Stil treu wiederzugeben scheinen, geschlossen, dass uns in der Neapler Gruppe eine Copie des Werkes des Antenor, in der Florentiner eine solche des Werkes des Kritios und Nesiotes erhalten sei.

Winckelmann kannte die früher in Rom befindlichen Statuen, ohne Aufstellung und Gegenstand zu erraten; er rechnet sie zu den schönsten des älteren Stils in Rom und rühmt ihnen Verständniss der Zeichnung und Meisterschaft der Arbeit nach. Es lässt sich auf dieselben anwenden was er von den Kennzeichen des strengen Stils sagt: „Die Zeichnung war nachdrücklich aber hart, mächtig aber ohne Grazie; der starke Ausdruck verminderte die Schönheit . . . . . . Die Kunst war streng und hart wie die Gerechtigkeit dieser Zeiten, die auf das geringste Verbrechen den Tod setzte."

Auch auf einer Vase und einer attischen Bleimarke finden sich Reminiscenzen an die statuarische Darstellung der Tyrannenmörder.

### 31. Grabstele aus Orchomenos.

Marmor. — Romaiko bei Orchomenos.

Abgebildet Conze Beiträge zur Geschichte der griechischen Plastik Taf. XI. Vergl. ebd. p. 31 ff. Kirchhoff Studien zur Gesch. des griech. Alphabets ² p. 63 ff. Archäol. Zeitung 1867 p. 110* (Michaelis).

Der Verstorbene, dessen Namen die nicht erhaltene Basis der Stele angab, ist in der Tracht und in einer Stellung dargestellt, wie man sie im Leben häufig sah.

„Im umgeschlagenen Himation, das Haar mit einem Bande umfasst, lehnt sich der bärtige Alte auf seinen Knotenstock; bei ihm ist sein treuer Begleiter, der Hund, der zu ihm aufspringt, um nach einer Heuschrecke, die sein Herr in den Fingern hält, zu schnappen. Es ist ganz die Harmlosigkeit eines alltäglichen Vorganges. Von den Heuschrecken, immer zumal im Orient den grossen Feinden der Saaten, mochte ein guter Hauswirt oft genug gelegentlich eine unschädlich machen". Conze.

Ueber der Kopfbinde ist das Haar im einzelnen plastisch nicht angegeben. Ohne Zweifel half ursprünglich Bemalung nach. — Der Künstler der Grabstele Alxenor war nicht aus Boeotien, sondern aus Naxos, wie der stolze Hexameter lehrt, den er dicht unter dem Relief angebracht hat:

Ἀλξήνωρ ἐποίησεν ὁ Νάξιος· ἀλλ' ἐσίδεσ[θε].

Aehnlich in der Anordnung, aber nicht unbedeutend jünger ist eine Grabstele im Museo nazionale zu Neapel. Vergl. no. 33.

### 32. Grabstele des Aristion.

Marmor. — Athen, Theseion.

Abgebildet Schöll Archäol. Mittheilungen aus Griechenland Taf. 1. Vergl. Kekulé Die antiken Bildwerke im Theseion zu Athen no. 362.

Im Original steht die schlanke Stele auf einer grossen oblongen Basis, deren Inschrift Ἀριστίωνος das Grabmal als dem Aristion gehörig bezeichnet. Dieser ist auf der Stele im Waffenschmuck dargestellt. Unter dem Relief ist die Künstlerinschrift ἔργον Ἀριστοκλέους angebracht. Die Farben verleihen noch jetzt in ihrer unvollständigen Erhaltung dem Original eine Lebendigkeit, von welcher der Abguss keine Vorstellung geben kann.

### 33. Grabstele.

Marmor. — Neapel, Museo nazionale.

Abgebildet Mus. Borb. XIV, 10. Conze Beiträge zur Gesch. der griech. Plastik Taf. XI. Vergl. ebd. p. 34. Friederichs Bausteine no. 21.

Am linken Handgelenk ist durch einen Riemen eine kleine runde Vase befestigt, wie sie in der Palästra als Oelfläschchen gebraucht wurden. Um den Kopf ist eine Binde geschlungen und über der Stirne so gebunden, dass das eine Ende der Binde in die Höhe steht. Vergl. no. 31.

### 34. Fragment eines Reliefs.

Marmor. — Athen.

Abgebildet Lebas Mon. fig. 7. Vergl. Friederichs Bausteine no. 64.

Krieger aus dem Kampfe kehrend. Der vordere trägt einen verwundeten Genossen, der den rechten Arm ausgestreckt hat. Der zweite scheint selbst verwundet; er hält die rechte Hand an den Kopf und stützt sich beim Gehen auf seine Lanze. Das Fragment, dessen Gegenstand mit dem schönen Pästaner Bild bei Abeken Mittelitalien Taf. X eine gewisse Verwandtschaft bietet, ist unverkennbar nicht später in einer früheren Vortragsweise gearbeitet, sondern echt archaisch.

### 35. 36. Bruchstücke eines Reliefs.

Marmor. — Athen, Akropolis.

Abgebildet (35) Müller-Schöll Mittheilungen Taf. II, 4. Overbeck Gesch. der griech. Plastik I$^2$ p. 142 (36). Nuove memorie dell' Ist. archeol. (1865) Taf. XIII. Vergl. ebd. p. 416 ff. (Conze) Gött. gel. Anzeigen 1870 p. 1563 ff. (Benndorf). Michaelis Der Parthenon p. 123.

Die beiden Stücke, welche zu verschiedenen Zeiten gefunden und auf verschiedene Art verwittert sind, sind nach der Gleichheit des Materials und der Maasse als zusammengehörig zu betrachten. Ein drittes Fragment enthält Theile des Rades, der Deichsel und der vier Pferde; ein viertes einen rechten Fuss sammt etwas Gewand, wahrscheinlich denjenigen der Frau.

Die Frau, an deren Geschlecht nach dem weiblichen Charakter, der sich in Körperbildung und Bewegung, und auch in der Art wie das Gewand auf Rücken und Schultern gelegt ist, ausspricht, schwerlich mit Recht gezweifelt worden ist, ist auf den Wagen steigend in einer in der alten Kunst typischen Weise dargestellt. Den Mann möchte man sich den Wagen zu Fuss geleitend denken. Eine Deutung ist bisher nicht gelungen. — Zum Gegenstand vergl. Schöne Griech. Reliefs Taf. XV, 73.

### 37. Grabrelief.

Marmor. — Paris, Louvre (aus Pharsalos).

Abgebildet auf unserer Tafel III. Heuzey Mission scientifique en Macédoine pl. 23. Journal des Savants 1868. Vergl. ebd. p. 380 ff. (Heuzey L'exaltation de la fleur).

Zwei Mädchen, mit Blumen in den Händen, stehen sich gegenüber — in einer Scene des Lebens, wie dies dem Charakter der griechischen Grabreliefs durchaus angemessen ist. Ein Altersunterschied der beiden Mädchen scheint nicht beabsichtigt zu sein. Der Typus der Köpfe und der Stil des Ganzen ist der attischen Kunst nahe verwandt.

Das Relief ist nicht nur unten, sondern auch oben und vermutlich an den Seiten unvollständig, denen eine architektonische Einfassung nicht gefehlt haben wird. Die Grabschrift kann auf der Leiste über den Köpfen, unten an der Stele, oder — und dies ist das wahrscheinlichste — auf der Basis der Stele gestanden haben.

### 38. Reliefs eines Grabmonuments.
Marmor. — London, Brit. Museum (aus Xanthos in Lykien).

Abgebildet Monumenti dell' Ist. arch. IV, 2. 3. Archäol. Zeitung 1855 Taf. 73. Vergl. ebd. p. 1 ff. (Curtius) 1869 p. 12 ff. (Curtius) p. 78 ff. (Conze) p. 110 ff. (Curtius). Friederichs Bausteine no. 27—30. Brunn Ueber Styl und Zeit des Harpyienmonumentes (Berichte der bayer. Akad. der Wissensch. 1870 II, 2).

Berühmt unter dem Namen des Harpyienmonuments. Die Reliefs schmückten den oberen Theil des durch einen monolithen viereckigen Pfeiler aus Kalkstein gebildeten Grabmals. Durch die Lücke zwischen den Reliefs wurde der Sarg in die Grabkammer hineingeschoben. Darüber Kuh mit Kalb. Links und rechts eine weibliche Gestalt; auf die letztere schreiten drei Frauen zu, um sie zu verehren. Auf den drei anderen Seiten werden männlichen Gottheiten Gaben dargebracht. Auf den beiden Schmalseiten sind zugleich Sirenenartige Frauen dargestellt, welche kleine Gestalten wegtragen. Diese letzteren bedeuten die Seelen der Verstorbenen. Die Bewegung ihrer Hände zeigt, dass sie die sie entführenden schmeichelnd um Mitleid bitten. Auf der einen Schmalseite ist noch eine kleine weibliche Figur dargestellt, welche mit der deutlichen Geberde des Schmerzes am Boden kniet, also eine Ueberlebende. Sie scheint der über ihr entführten kleinen Gestalt nachzusehen.

Eine sichere Auslegung aller Einzelheiten ist bisher nicht gelungen.

### 39. Grabrelief.
Marmor. — Rom, Villa Albani.

Abgebildet Zoega Bassirilievi I, 143. Müller-Wieseler I, 11, 40. Vergl. Zoega a. a. O. p. 183 ff. L. Friedländer De anaglyphis sepulcr. p. 16.

Auf einem Sessel sitzt eine Frau — die Verstorbene. Sie ist als fleissige Hausfrau durch den Arbeitskorb bezeichnet, welcher unter dem Sessel angebracht ist. Sie hält ein kleines

Kind, welches die Hand nach ihr ausstreckt, und ist im Begriff dasselbe der vor ihr stehenden weiblichen Gestalt zu übergeben. Diese — vermutlich eine Dienerin — hat also der Mutter ihr Kind zum Abschiednehmen gereicht und ist nun bereit es wieder aufzunehmen. Darauf weist, wie es scheint, die Haltung ihrer Hände. Der Gegenstand den sie darin hält ist vielleicht eine Binde zum Schmuck (vergl. zu no. 175), vielleicht konnte er auch dienen, um das Tragen und Halten des Kindes zu erleichtern. — Die zwei weiblichen Figuren, welche im Hintergrund in kleinerer Proportion dargestellt sind, sind Angehörige. — Vergl. Schöne Griech. Reliefs Taf. XXIX no. 122.

### 39 b. (337ᶜ W) Relief.

Marmor. — Rom, Villa Albani.

Abgebildet (die linke Hälfte) Zoega Bassiril. II, 112. Müller-Wieseler II, 24, 257. Vergl. Archäol. Zeit. XXIX p. 138 (Michaelis).

Der linke, untere Theil des Reliefs ist antik und rührt vermutlich von einem Grabrelief her. Schon das Vordertheil des Stuhls, die Beine und Hände der Frau und der obere Theil des Kopfes derselben sind modern. Bei der Ergänzung ist ein nicht zugehöriges antikes Reliefstück (die stehende Athena) benutzt worden.

### 40. Wagenlenker.

Bronze. — Tübingen, Antikencabinet.

Abgebildet Overbeck Geschichte der griech. Plastik. I² p. 167. Vergl. Welcker Alte Denkm. II p. 181 ff. Friederichs Bausteine no. 49.

### 41. Penthesilea.

Marmor. — Wien, Antikencabinet.

Abgebildet Berichte der sächs. Gesellsch. der Wissensch. 1850 Taf. VI. Vergl. ebd. p. 53 ff. (O. Jahn). Sacken u. Kenner Die Samml. des k. k. Münz- u. Antikencabinets (1866) p. 40 no. 162. Bull. dell' Ist. 1865 p. 115 (Schöne). Overbeck Gesch. der griech. Plastik I² p. 163.

Die Königin der Amazonen ist in der linken Brust verwundet, und wurde, indem sie zusammensank, von ihrem Besieger Achill gestützt. Dies lehrt die entsprechende Composition auf einigen Gemmen. Achill stand hinter Penthesilea und hielt sie mit der rechten Hand an ihrem rechten Arm, mit der linken Hand vermutlich unterhalb des linken Arms an der Seite gefasst.

### 42. Penelope.

Marmor. — Rom, Vatican.

Abgebildet Raoul-Rochette Monum. inéd. I, 32, 1. Müller-Wieseler I, 9, 35. Vergl. Thiersch Intorno due statue del museo vaticano (Rom 1823, aus dem Giornale arcadico LII) Epochen ² p. 426 ff. Friederichs Bausteine no. 26.

Eine in Terracottareliefs mehrfach wiederholte Composition lehrt, dass die traurig sinnende Penelope dargestellt ist. Dort findet sich dieselbe Figur zwischen Dienerinnen, und auf einer dazu gehörigen Platte die Scene, wie Odysseus von Eurykleia, da sie ihm die Füsse badet, erkannt wird.

Die Figur hat durch Restauration nicht unbedeutend gelitten. Statt des Felsens, auf dem sie sitzt, ist ein Stuhl, und darunter ein Arbeitskorb zu denken.

Mit Unrecht ist dieses Exemplar für ein echt archaisches Werk erklärt worden. Das Motiv ist echt altertümlich und von grosser Schönheit und Bestimmtheit des Ausdrucks. Aber die Ausführung ist ohne die lebhafte und schöne Empfindung der Form, welche die echt archaische Kunst auf der entsprechenden Stufe niemals verleugnet. Dies ist besonders deutlich erkennbar an der Brust und gerade an der Arbeit der linken Hand, welche man als echt altertümlich hat betrachten wollen, während ihre rohe Gefühllosigkeit durch jede Vergleichung mit Händen und Füssen echt archaischer Werke, auch sehr früher Kunststufen, einleuchtend werden muss.

### 43. (338 W) Relief, die drei Chariten.

Marmor. — Rom, Vatican.

Abgebildet Archäol. Zeitung 1869 Taf. 22, 1. Vergl. ebd. p. 55 ff. (Benndorf) 1870 p. 83 ff. (Blümner) Friederichs Bausteine no. 79. Ulrichs Reisen und Forschungen II p. 152.

Nachbildung eines in Stücken noch auf der athenischen Akropolis vorhandenen Marmorreliefs, welches aller Wahrscheinlichkeit nach dasselbe ist, das die athenischen Ciceroni innerhalb des südlichen Propyläenflügels, an der südlichen Wand, den Fremden als Werk des Philosophen Sokrates zeigten.

### 44. Apollokopf.

Marmor. — London, British Museum.

Abgebildet Specimens of anc. sculpt. I, 5. Anc. marbl. in the Brit. Mus. III, 4. Müller-Wieseler I, 4, 22.

### 45. Statuette des Apollon.

Bronze. — München, Antiquarium.

Vergl. Christ Führer durch das Antiquarium. (München 1870) p. 22 no. 76.

In dem gewöhnlich auf den Apollon Philesios des Kanachos zurückgeführten Typus. Der Gott trägt auf der linken Hand ein Reh.

### 46. Obertheil einer Statuette des Apollon.

Bronze. — Basel (aus Epidauros).

Abgebildet Nuove memor. dell' Ist. (1865) Taf. 12, 2. Vergl. ebd. p. 402 ff. (Vischer).

### 47. Statuette des Hermes (?).

Bronze. — Berlin.

Abgebildet Friederichs Apollon mit dem Lamm (Berlin 1861). Vergl. Friederichs Berlins antike Bildw. II no. 1823. Bull. dell' Ist. 1871 p. 117 ff. (Helbig).

Ein Jüngling, welcher für Apoll und für Hermes erklärt worden ist, trägt ein Lamm auf den Schultern.

### 48. (61 W) Athena.

Marmor. — Dresden.

Abgebildet Becker Augusteum I, 9. 10. III, 155. Müller-Wieseler I, 10, 36. Vergl. Hettner Die Bildwerke der Antikensammlung zu Dresden (1869) no. 143. O. Jahn De Minervae simul. antiq. p. 12 ff. Friederichs Bausteine no. 57. Vergl. Schöne Griech. Reliefs zu Taf. I—IV no. 1. p. 12.

In der erhobenen rechten Hand hatte die Göttin den Speer, am linken Arm den Schild, so wie Rauch die Statue restaurirt hat. Die kleinen Felder vorn an dem Gewandsaum enthalten Kämpfe der Götter gegen die Giganten. Der an den Panathenäen der Athena Polias dargebrachte Peplos war mit eben solchen Kampfscenen geschmückt.

### 49. Athena.

Marmor. — München, Antiquarium.

Abgebildet Abhandl. der bayerischen Akademie der Wissenschaften I. Cl. X, 2 Taf. 1. Vergl. Christ Führer durch das Antiq. (1870) p. 49.

### 50. Artemis.

Marmor. — Neapel, Museo nazionale.

Abgebildet Raoul-Rochette Peintures antiq. 7. Müller-Wieseler I, 10, 38. Vergl. Friederichs Bausteine no. 56.

Die in Pompei gefundene Statuette zeigt sehr reichliche Spuren der Bemalung. An den Rosetten des Stirnschmucks und den Haaren war Gold, an den Gewandsäumen, dem Köcherband, den Sandalen Rot angewendet.

### 51. Kopf des Zeus.

Marmor. — Paris, Louvre.

Abgebildet Archäol. Zeitung 1843 Taf. I. Vergl. ebd. p. 1 ff. (Panofka). 1866 p. 254 ff. (Michaelis). 1867 p. 115 ff. (Blümner). Fröhner Notice no. 186. Friederichs Bausteine no. 60.

Früher im Besitz Talleyrand's.

### 52. Kopf des Hermes.

Marmor. — London, British Museum (aus der Villa des Hadrian bei Tivoli.)

Abgebildet Spec. of anc. sculpt. I, 8. Anc. marbl. in the Brit. Mus. II, 19. Müller-Wieseler II, 28, 299.

### 53. (121 b W) Doppelherme.

Marmor. — Rom, Vatican.

Abgebildet E. Braun Kunstvorstellungen des geflügelten Dionysos Taf. 5.

Hermes, mit Flügeln an der Stirn, und Dionysos.

### 54. (146 W) Doppelherme.

Marmor. — Weimar.

„Zwei weibliche Köpfe mit einem gleichmässig hinter den Ohren auf die Schultern herabfallenden Paar Haarsträppen, der eine mit einem Band vorn über das Haar und vielleicht einem Korymb auf jeder Seite, der Ausdruck ernst; der andre mit drei überreichen dreifachen Lockenreihen, welche die Stirne mit hohem Bogen umgeben, kunstreich gebreiteten Haarflechten, mit vergnüglicherem Gesicht. Bedeutung und Beziehung beider Köpfe auf einander ist noch unerklärt, wie so manche Doppelhermen." Welcker.

### 55. Vierköpfige Herme.

Marmor. — Athen (wahrscheinlich aus Salamis).

Abgebildet Lebas Mon. fig. 32. Stephani Tit. graec. part. V, 6. Vergl. ebd. p. 20 ff. Kekulé Die ant. Bildw. im Theseion no. 118.

### 56. Borghesische Basis.

Marmor. — Paris, Louvre.

Abgebildet Bouillon III aut. 1. Müller-Wieseler I, 12. 13. no. 43—45. Vergl. Fröhner Notice de la sculpture antique (musée impérial du Louvre) no. 1. Friederichs Bausteine no. 68. Berichte der sächs. Gesellschaft der Wissensch. 1868 p. 198 ff. mit Taf. 5. (O. Jahn). Monatsberichte der Berliner Akademie 1871 p. 472 no. 69. (Matz).

Bekannt unter dem Namen des Zwölfgötteraltars. Die nach oben verjüngte dreiseitige Basis ruht auf Löwenfüssen. Jede der drei Seiten ist gleichmässig in ein oberes und unteres Feld getheilt; in den oberen kleineren sind je vier Figuren, in den unteren grösseren je drei Figuren in Relief dargestellt. Die Figuren der oberen Reihen sind zum Theil falsch restaurirt. Alte Handzeichnungen im Codex Pighianus und einer ähnlichen Sammlung in Coburg, welche vor das Jahr 1555 zu setzen sind, geben diese Theile noch sehr viel vollständiger.

A. Zeus und Hera, Poseidon und Demeter. Diese fasste mit der rechten Hand das Obergewand an; der linke Arm war gebogen, der Unterarm nach vorn, nach ihrem Leibe zu gerichtet, die Hand hielt eine grosse Aehre.

Unten: die drei Chariten sich an den Händen fassend.

B. Ares und Aphrodite, Hermes und Hestia.

Unten: die drei Mören.

C. Apoll und Artemis, Hephäst und Athena. Diese Seite ist am meisten durch falsche Restauration entstellt. Apoll, der durch die Restauration zu einer Frau geworden ist, hält in der gesenkten rechten Hand das Plektron; mit der Linken erhob er die Leier. Artemis fasste mit der erhobenen Rechten ihr Obergewand. Hephäst, der ebenfalls durch die Restauration mit weiblichem Oberkörper versehen ist, war bärtig. In der rechten Hand hält er die Feuerzange.

Unten: die drei Horen.

Diese Basis, welche wahrscheinlich bestimmt war einen Dreifuss zu tragen, ist vermutlich die Nachbildung eines renommirten Cultusgerätes in einem der athenischen Heiligtümer.

### 57. (325 W) Dreiseitige Basis.
Marmor. — Dresden.

Abgebildet Becker Augusteum I, 5. 6. 7. Vergl. Hettner Die Bildwerke der Antikensamml. (1869) no. 201. Visconti Pio-Clem. VII zu Taf. 37. O. Müller De tripode Delphico (Götting. 1820). Bötticher Das Grab des Dionysos (Berlin 1858). Arch. Zeitung 1858 p. 111 ff. (Stark) p. 198 ff. 213 ff. (Bötticher) 1867 p. 68 ff. (O. Jahn). Annali dell' Ist. 1861 p. 119 ff. (Pervanoglu). Friederichs Bausteine no. 75.

Die Basis diente wahrscheinlich als Basis eines Dreifusses; man hat vermutet eines Dreifusses, der in einem Fackellauf als Preis gewonnen war.

A. Streit des Apollon und Herakles um den Dreifuss, in Delphi, das durch den Omphalos bezeichnet ist. Dieser Streit kann als mythisches Vorbild eines Wettkampfs gefasst werden, dessen Preis ein Dreifuss ist.

B. Weihung des (durch den Sieg gewonnenen) Dreifusses durch einen Priester, der einen Besen in der Hand hält, und eine Priesterin (?), welche eine Tänie an dem Dreifuss befestigt.

C. Schmückung einer auf ein hohes Postament gestellten Fackel.

Die Ornamente, mit den Oberkörpern von Silenen als Trägern, sind von grösster Schönheit und Freiheit der Zeichnung.

### 58. (326^b W) Relief.
Marmor. — Paris, Louvre.

Abgebildet Clarac pl. 119, 49. Visconti Opere varie IV, 17. Vergl. ebd. p. 109 ff. Fröhner Notice no. 83. Welcker A. Denkm. II p. 298 ff. Stephani Compte-rendu pour 1868 p. 31 ff.

Herakles, der den Dreifuss davonträgt, wird von Apoll verfolgt. Vergl. no. 57 A.

### 59. (326 W) Relief.
Identisch mit no. 58, mit modernen Restaurationen.

### 60. (327—331 W) Einführung des Herakles in den Olymp.
Marmor. — Rom, Capitol.

Abgebildet Mus. Capit. IV, 22. Müller-Wieseler II, 18, 197. Vergl. Kekulé Hebe p. 44, 2. Friederichs Bausteine no. 69.

Zeus, Hera, Athena schreiten Herakles voran; es folgen Apoll und Artemis [welche beide in dem hiesigen Abguss fehlen], Ares und Aphrodite. Dem Zuge entgegen kommen Hephästos, Poseidon, Hermes und Hestia.

### 61. (331 bcd W) Vierseitige Basis.
Marmor. — Rom, Villa Albani.

Abgebildet Zoega Bassiril. II, 101. Welcker A. Denkm. II Taf. I, 1. Vergl. ebd. p. 14 ff. Friederichs Bausteine no. 65.

Die vierte Seite ist nicht erhalten, die daran anstossenden sind nicht ganz vollständig. Die erhaltenen Figuren sind Artemis mit Fackeln, Aphrodite, Zeus, Hera, Poseidon, Demeter, Dionysos, Hermes. Es ist vermutlich der Hochzeitszug des Zeus und der Hera dargestellt.

### 62. (337 W) Relief.
Marmor. — Paris, Louvre.

Abgebildet Bouillon III basrel. 26, 7. Clarac pl. 132, 110. Vergl. Fröhner Notice no. 205. Friederichs Bausteine no. 76.

Dionysos, mit dem Thyrsos, führt die drei Horen, von denen die eine Blumen oder Beeren (?) im Schoosse trägt; die nächste hält Aehren in der Hand.

„Der Grund dieser Zusammenstellung liegt darin, dass das bacchische Frühlingsfest gleichsam den Reihen des Jahres eröffnet. Ein Orphischer Hymnus (52) auf Dionysos den alljährlich wiederkehrenden ($\mathring{\alpha}\mu\varphi\iota\varepsilon\tau\acute{\eta}\varsigma$) dient zur Erläuterung."
Welcker.

### 63. (336 W) Relief.
Marmor. — Rom, Capitol.

Abgebildet Mus. Capitol. IV, 43. Vergl. Brunn Künstlergesch. I p. 255.

Pan (?) mit drei Nymphen. Darunter die Inschrift $K\alpha\lambda\lambda\acute{\iota}\mu\alpha\chi o\varsigma\ \mathring{\varepsilon}\pi o\acute{\iota}\varepsilon\iota$.

### 64. (337 b W) Relief.
Weibliche Figur mit einem Füllhorn, vielleicht Tyche. Nach Welcker Venus Spes.

### 65. (332 W) Votivrelief.
Marmor. — Paris, Louvre.

Abgebildet Bouillon III basr. 26, 9. Clarac pl. 122, 38. Vergl. Welcker A. Denkm. II p. 37 ff. Fröhner Notice no. 16. Friederichs Bausteine p. 86 ff.

Nach einer Statue Apolls hin, schreitet der Gott selbst, in langem Kitharödengewand, singend und die Leier spielend; ihm folgen Artemis und Leto.

### 66. (337 W) Votivrelief.
Marmor. — Paris, Louvre.

Abgebildet Bouillon III basr. 26, 5. Clarac pl. 122, 40. Vergl. Fröhner Notice no. 13.

Dem Apoll als Kitharöden schenkt Nike in eine Schale ein; daneben ein Altar. Hinter Apollon schreitet Artemis heran. Vergl. no. 65.

### 67. (334 W) Votivrelief.
Marmor. — Berlin.

Abgebildet Clarac pl. 120, 39. Welcker A. Denkm. II Taf. 2, 3. Vergl. ebd. p. 37 ff. Gerhard Berlins ant. Bildw. p. 91 ff. no. 146.

Bei einem Heiligtum wird dem Apollon als Kitharöden von Nike in eine Schale eingegossen. Auf Apollon folgen Artemis und Leto. Vergl. no. 65. 66.

### 68. (335 W) Relief.
Marmor. — Paris, Louvre.

Abgebildet Bouillon III basr. 26, 3. Clarac pl. 122, 62. Vergl. Fröhner Notice no. 14.

Nike giesst der Artemis ein, neben der am Boden ihr Jagdhund sitzt. Die männliche Figur hinter Artemis ist zum grössten Theil modern.

### 69. Relief.
Marmor. — London, British Museum.

Abgebildet Specim. of anc. sculpt. 11. Anc. marbl. in the Brit. Mus. II, 7. Müller-Wieseler I, 14, 49. Vergl. Friederichs Bausteine no. 23.

Herakles mit der Kerynitischen Hindin.

### 70. (341—343 W) Reliefs einer dreiseitigen Candelaberbasis.
Marmor. — Rom, Vatican.

Abgebildet Visconti Pio-Clem. IV, 1—4. Vergl. Friederichs Bausteine no. 739 ff.

(a) Zeus.
(b) Hera.
(c) Hermes.

### 71. (344. 345 W) Zwei Reliefs einer dreiseitigen Candelaberbasis.
Marmor. — Rom, Vatican.

Abgebildet Visconti Pio-Clem. IV, 5—8. Vergl. Friederichs Bausteine no. 739 ff.

(a) Ares.
(b) Aphrodite.
Die dritte Seite stellt Athena dar.

### 72. (382 b W) Relief.

Marmor. — Rom, Villa Albani.

Abgebildet Zoega Bassirilievi I, 20 (mittlere Figur). Vergl. Welcker A. Denkm. II p. 146 ff. Stephani Compte-rendu pour 1865 p. 60 ff.

Es ist die eine Seite einer dreiseitigen Basis; die beiden anderen Seiten enthalten ähnliche Figuren. Ein Mädchen tanzt einen Tanz, in welchem man den Kalathiskos erkannt hat.

### 73. Apollon auf dem Omphalos.

Marmor. — Athen.

Abgebildet Conze Beitr. zur Gesch. der griech. Plastik Taf. 5. Vergl. ebd. p. 13 ff. Kekulé Die ant. Bildw. im Theseion no. 90. Die Gruppe des Künstlers Menelaos p. 41. Neue Jahrbücher für Philol. 1869 p. 85 ff. Schwabe Observ. archaeolog. part. II. (Dorpat 1870) p. 8 ff. Lajard Culte de Vénus pl. V, 1.

### 73 b. Kopf des Apollon.

Marmor. — Berlin (?).

### 74. Hestia Giustiniani.

Marmor. — Rom, Torlonia.

Abgebildet E. Braun Kunstmythologie 33. Müller-Wieseler II, 30, 338. Vergl. Welcker A. Denkm. V p. 3 ff. Friederichs Bausteine no. 80. Conze Beitr. zur Gesch. der griech. Plast. p. 18.

In der linken Hand hielt die Göttin ein Scepter. Die Benennung Hestia ist keineswegs erwiesen, obgleich sich der Eindruck, den die Statue gibt, damit wohl vereinigen lässt. Von vorn gesehen lässt die Anordnung des Gewandes den Unterkörper etwas säulenartig, wie am Boden festwurzelnd, erscheinen. Wenn alle Götter den Olymp verlassen, bleibt Hestia (Plat. Phaedr. p. 247 A). — Die Statue ist nicht so altertümlich als sie auf den ersten Anblick erscheint, auch schwerlich nur eine einfache Copie eines altertümlichen Werkes. Die trotz scheinbarer Einfachheit ziemlich complicirte Stellung und Bewegung, die Vereinigung einfacher und leerer Gewandmotive mit kleinlichen und künstlich zurechtgelegten, auch das Arrangement von Haar und Kopftuch scheinen darauf hinzuführen, dass wir es hier (ähnlich wie bei no. 73) mit einer späten, relativ selbständigen Erfindung zu thun haben, welche mit Bewusstsein sich an einzelne altertümliche Typen anlehnt und die altertümliche Vortragsweise, zurückgreifend, zu einem Theile wieder aufnimmt. Eine genauere Bestimmung lässt sich bis jetzt noch schwerlich begründen, wiewohl Analogien auf ziemlich späte Zeit hindeuten.

### 75—78. (254—264 W) Sculpturen vom Theseion.
Marmor. — Athen.

Abgebildet Stuart Antiq. of Athens III chapt. I. Vergl. Ancient marbl. in the Brit. Mus. IX Taf. 12 ff. Müller-Wieseler I, 21. Friederichs Bausteine no. 110 ff.

(75 a—i) **Westlicher Fries.**
Kampf der Kentauren und Lapithen. (a) Kentaur siegend über einem Lapithen. (b. c) Kentaur von einem Lapithen niedergeworfen; jederseits kommt ein Genosse zu Hilfe; ein Lapithe holt, sich nach dem Kentaur der zu Hilfe kommt umwendend, zum Schlage aus. (d. e) Der unverwundbare Kaeneus wird von zwei Kentauren mit einem schweren Felsstück in die Erde gedrückt; er sucht sich vergeblich mit dem erhobenen Schild zu schützen. Ein Lapithe will ihm zu Hilfe kommen. (f) Lapithe und Kentaur im Kampf. (g) Ein Kentaur hat seinen Gegner niedergeworfen. (h) Ein Lapithe sucht einen Kentauren von einem gesunkenen Genossen wegzudrängen. (i) Ein Lapithe stösst dem ihn anfassenden Kentauren das Schwert in den Leib.

Unter den Gegnern der Kentauren ist einmal, und zwar an hervorstechender Stelle, in siegreichem Kampf — man sollte an sich vermuten im Einzelkampf — Theseus, ferner Peirithoos vorauszusetzen. Das Centrum der Composition nehmen die Gruppen d e f ein; man würde demnach vielleicht in dem allein kämpfenden Helden f Theseus, in dem Sieger b Peirithoos vermuten dürfen; aber zu einer sicheren Benennung reicht die Charakteristik, wenigstens bei dem jetzigen Zustande des Frieses, schwerlich aus.

(76) Athena, vom östlichen Fries.

(77) Metope, von der Nordseite: Theseus im Kampf mit dem arkadischen Ringer Kerkyon (Stuart pl. 13, 12. Anc. marbl. IX, 21).

(78) Metope, von der Nordseite: Theseus und Skiron (Stuart pl. 13, 13).

### 79. Marsyas.
Marmor. — Rom, Lateran.

Abgebildet Mon. dell' Ist. VI, 23. Vergl. Annali 1858 p. 374 ff. (Brunn). Benndorf und Schöne Die antiken Bildw. im Later. Mus. no. 225.

Die Scene, wie Marsyas die von Athena weggeworfenen Flöten aufheben will und von der Göttin bedroht wird, ist auf einem jetzt verschollenen attischen Relief, das Stuart sah und gezeichnet hat, und auf einer attischen Münze nachgewiesen worden. Das einzige Exemplar dieser Münze, welches gegenwärtig im Original bekannt ist — es befindet sich in dem Münzcabinet zu Athen —, ist leider nicht wohl erhalten.

Doch lässt sich daraus erkennen — und die Zeichnungen der anderen Exemplare bestärken in dieser Ansicht — dass die Darstellung der Münze mit der Stuartschen Reliefzeichnung, und besonders in der Figur der Athena, nicht genau übereinstimmt. Indess ist die ungefähre Aehnlichkeit genügend, um anzunehmen, dass beide Darstellungen als Reminiscenzen, als mehr oder weniger freie Variationen auf dasselbe Vorbild zurückzuführen sind: eine peinlich genaue Uebereinstimmung mit dem Vorbild ist weder für die eine noch für die andere Darstellung vorauszusetzen. Das Vorbild selbst kann nur ein berühmtes athenisches Kunstwerk gewesen sein. Nach einer einleuchtenden Vermutung war dies Vorbild von der Hand des Myron, unter dessen Werken Plinius *Satyrum admirantem tibias et Minervam* anführt. Es ist dies vielleicht von Plinius nicht als *Satyrus admirans tibias et Minerva*, sondern als *Satyrus admirans tibias et Minervam* verstanden worden und man könnte an eine epigrammatische Wendung denken, welche den Satyr bald die Flöten bald die drohende Göttin ansehen lässt. Aber in keinem Falle würde man an einer ungeschickten oder missverständlichen Ausdrucksweise bei Plinius Anstoss nehmen dürfen, da ähnliche Versehen desselben mehrfach mit Sicherheit nachgewiesen sind. Dagegen kann eine Notiz des Pausanias, welcher auf der Akropolis eine den Marsyas schlagende Athena anführt, mit der Darstellung des Reliefs, und, wie es bisher scheint, auch derjenigen der Münzen nur unter der Voraussetzung vereinigt werden, dass der Text bei Pausanias nicht richtig überliefert ist. Es ist bisher kein ausreichender Grund nachgewiesen, nicht zu glauben, dass das von Pausanias notirte Werk eine andere Darstellung desselben Mythus gewesen sei.

In der Statue des Lateranischen Museums erkennt Brunn die Marmorcopie des Marsyas der myronischen, in Bronze gearbeiteten Gruppe. Die Arme der Statue sind restaurirt. Marsyas würde vielmehr, ähnlich wie auf dem Relief, den einen Arm wie staunend oder in lebhafter Begier erheben und während er die auf dem Boden liegenden Flöten im Auge behält, im Vorwärtsspringen von der Göttin erschreckt, einen flüchtigen Moment die Bewegung unterbrechen, um sofort dennoch auf den Gegenstand seiner Begier zuzuspringen.

Die Brunnische Combination erscheint in sich so wohl begründet und geschlossen; die Verwandtschaft der Statue mit dem Relief ist so augenfällig; der stilistische Charakter der Figur stimmt so vortrefflich mit allem überein, was wir nach den litterarischen Nachrichten und durch Vergleichung der erhaltenen Kunstwerke als für die Kunststufe des Myron und seine persönliche Eigenart charakteristisch betrachten dürfen, dass man sich schwer entschliessen kann, dem Zweifel, der geäussert und ausführlich begründet worden ist, ein entscheidendes Gewicht zuzuschreiben.

Die Thatsache ist nicht zu leugnen, dass ohne Kenntniss jener Combination niemand in der Statue etwas anderes suchen würde, als einen tanzenden Satyr, dass Stellung und Bewegung der Füsse dem Motiv des Tanzes genau entspricht, dass dies Motiv für die Erklärung der Statue an sich ausreichen würde. Doch wird man dem Sprung und Tanz gewohnten Satyr vielleicht auch in der Situation der Göttin gegenüber eine tanzartige Bewegung zutrauen und daran erinnern dürfen, dass die humoristische Auffassung dieser Scene Eindrücken des attischen Satyrdramas analog ist. Auch möchte es schwerlich eine ohne weiteres glaubliche Annahme sein, welche der Epoche, der das Original der Statue anerkannter Massen angehört — gleichgiltig ob es von Myron oder einem anderen herrührt — als Vorwurf für eine Einzelstatue von bedeutender Grösse einen tanzenden Satyr zutraut. Wer das Motiv der Statue mit der Situation des Marsyas unvereinbar findet, wird sich daher der Annahme nicht wohl entziehen können, dass das Original dennoch der myronische Marsyas sei, und das Motiv desselben bei der Reproduction etwas verändert worden sei.

### 80. Diskobol im Wurf.

Bronze. — München, Antiquarium.

Vergl. Christ Führer durch das Antiquarium (München 1870) p. 16 f. Welcker Alte Denkmäler I p. 420.

Nachbildung des Diskobols von Myron. Quintilian II, 13, 10 *Quid tam distortum et elaboratum quam est ille discobolos Myronis? si quis tamen ut parum rectum improbet opus, nonne ab intellectu artis abfuerit, in qua vel praecipue laudabilis est illa ipsa novitas ac difficultas?*

Lucian. Philopseud. 18 . . . τὸν δισκεύοντα . . . . . τὸν ἐπικεκυφότα κατὰ τὸ σχῆμα τῆς ἀφέσεως, ἀπεστραμμένον εἰς τὴν δισκοφόρον, ἠρέμα ὀκλάζοντα τῷ ἑτέρῳ, ἐοικότα ξυναναστησαμένῳ μετὰ τῆς βολῆς . . . . . . . . τῶν Μύρωνος ἔργων ἓν καὶ τοῦτό ἐστιν ὁ δισκοβόλος . . . . .

Vergl. no. 81.

### 81. Diskobol im Wurf.

Marmor. — Rom, Vatican.

Abgebildet Bouillon II, 18. Pistolesi Il Vaticano descr. VI, 9 (2). Museo Chiaramonti III, 26. Vergl. Welcker Alte Denkmäler I p. 417 ff.

Copie des myronischen Diskobols. Der Kopf ist falsch ergänzt; er war, wie an der Münchener Bronze (no. 80) zurückgewendet. Von einem anderen Exemplar derselben Figur, welches in Palazzo Massimi alle colonne in Rom aufbewahrt wird, und noch mehr als durch vorzügliche Erhaltung, durch weit treuere und vollkommenere Nachbildung des Originals ausgezeichnet ist, sagt Welcker: „Die Ausbildung der Gymnastik zeigt sich durch dieses Werk auf derselben bewundernswürdigen Höhe wie andere Künste bei den Griechen sie erreicht haben. Denn gewiss drückt es eine wirkliche eingeübte Stellung aus und darin eine Sicherheit der gymnastischen Schule nicht geringer als die ihr dienende körperliche Stärke. Die Stellung sowohl beider Beine als besonders des rechten Arms, die Beugung des Rückens und des Halses, der Schwung des ganzen Körpers und der Blick dabei, der in dieser Stellung mit der Geschwindigkeit des Blitzes zielen muss, Alles zusammen wirkt ergreifend und je mehr man betrachtet, um so mehr einem Wunder ähnlich. . . . . . . . . . . . . Das Geheimniss der Wirkung liegt auch hier, wie in vielen griechischen Bildwerken darin, dass der Augenblick ergriffen ist, wo eine Bewegung schwunghaft in die andre übergehen soll. Die zurückgebogene Fussspitze im Augenblick des Schwungs, die als etwas Unnatürliches getadelt worden ist, ist der Gipfel der regelrechten Kraftanstrengung und der schärfste Ausdruck des flüchtigsten Augenblicks . . . . . . So unglaublich dies klingen mag bei einem Gegenstande, der nach unsern Begriffen einem nicht allzuhohen Kreise des Lebens angehört, so muss jeder kunstgeübte Beschauer doch hier auch inne werden, was über den Gegenstand vollendete Kunst vermag, wie er in dem Duft, womit sie alles umkleidet, ein neuer und höhrer wird."

### 82. Kopf der Hera.

Marmor. — Neapel, Museo nazionale.

Abgebildet Monum. dell' Ist. VIII, 1. Vergl. Bullett. 1846 p. 122 ff. Annali 1864 p. 297 ff. (Brunn.) Kekulé Hebe p. 64 ff.

Von den bisher bekannten Heraköpfen gibt dieser das deutlichste Bild des Typus, in welchem Polyklet die Hera darstellte. Der Kopf geht auf ein Original von Bronze zurück, in welchem die Augen aus anderem Material bestanden. Er ist dafür gearbeitet in eine Statue eingesetzt zu werden.

### 83. Kopf von einer Statue der Athena.

Marmor. — Rom, Villa Albani.

Abgebildet E. Braun Tages Taf. 5. Kunstmythologie Taf. 70. Vergl. Bullett. dell' Ist. 1866 p. 70 f. (Schöne.)

### 84. Amazone.

Marmor. — Berlin.

Abgebildet Monumenti dell' Ist. IX, 12. Vergl. Annali 1869 p. 272 ff. Rhein. Mus. N. F. XXI (1866) p. 321 ff. (Klügmann.)

Die Amazone scheint vom Kampf und der Wunde, die sie an der rechten Brust erhalten hat, ermattet und besiegt auszuruhen. Die Haltung der rechten auf den Kopf aufgelegten Hand, welche für die Amazonenstatuen dieses Typus und ähnlich auch für andere vorauszusetzen ist, muss für den antiken Beschauer ohne weiteres verständlich gewesen sein. Das Auflegen des Unterarms auf den Kopf war in der antiken Kunst ein typischer Ausdruck des Ausruhens. Es scheint, dass man gewohnt war, durch die Modification, wie sie hier vorauszusetzen ist, zugleich einen unthätigen, resignirten Schmerz ausgedrückt zu sehen.

Dieses Exemplar ist die ungemein schöne Nachbildung eines in anderen Repliken etwas strenger und altertümlicher erhaltenen Typus, welcher, wie Klügmann erkannt hat, auf Polyklet's berühmtes Meisterwerk zurückgeht.

Die von Steinhäuser ausgeführte Restauration ist nicht eben glücklich zu nennen. Die gezierte Haltung der rechten Hand, und die schwächliche Eleganz der Formen beider Hände sind mit dem Charakter der Statue in auffälligem Widerstreit.

## 84ᵃ. Amazone.

Bronze. — Florenz.

Abgebildet Berichte der sächs. Gesellsch. der Wissensch. 1850 Taf. V. Vergl. ebd. p. 46 f. (O. Jahn).

Der rechte Arm ist unrichtig ergänzt. Die Hand lag auf dem Kopfe auf. Vergl. no. 84.

## 85. Speerträger.

Marmor. — Neapel, Museo nazionale.

Abgebildet Friederichs Der Doryphoros des Polyklet (Berlin 1863). Vergl. Bullett. dell' Ist. 1864 p. 29 ff. (Helbig.) Archäol. Zeitung 1864 p. 149 f. (Friederichs.) Friederichs Bausteine no. 96 und p. 551. Zeitschr. f. österr. Gymn. 1869 p. 264 (Benndorf), Schwabe Observationum archaeol. partic. II (Dorpat 1870) p. 12 ff. Kekulé Die Gruppe des Künstlers Menelaos p. 37 f.

Nachbildung der im Altertum unter dem Namen Doryphoros berühmten Statue des Polyklet. Die linke Hand hielt einen Speer, vermutlich so, dass er auf der linken Schulter auflag.

## 86. Statuette eines Jünglings.

Bronze. — Athen, Cultusministerium (aus Argos oder, und dies ist wahrscheinlicher, aus Sikyon).

Abgebildet Mon. dell' Ist. VIII. 53. Vergl. Annali 1868 p. 316 ff. (Kekulé.)

## 87. Kopf eines Diadumenos.

Marmor. — Kassel.

Abgebildet Conze Beiträge zur Gesch. der griech. Plastik Taf. II. Vergl. ebd. p. 3 ff. Zeitschr. für die österreich. Gymnas. 1869 p. 267 ff. (Benndorf.)

Der Kopf zeigt, wie es scheint, eine spätere, vermutlich attische Umbildung des polykletischen Diadumenos.

### 88. (213 W) Kopf eines Diadumenos.
Marmor. — Dresden.

Abgebildet Becker Augusteum Taf. 57. Annali dell' Ist. 1871 tav. d'agg. V. Vergl. ebd. p. 281 f. (Conze.)

Vergl. no. 87.

### 89. Fragment eines Diadumenoskopfes.
Marmor. — Trier.

Abgebildet Jahrbücher des Vereins von Alterthumsfreunden im Rheinland IX Taf. V, 2. Vergl. Bullett. dell' Ist. 1864 p. 65 (Klügmann.) Annali dell' Ist. 1871 p. 279 ff. (Conze.)

Früher fälschlich zu dem Trierer Amazonentorso (no. 301) gerechnet. [Eine vollständiger erhaltene Replik ist der Kopf, der in den Mon. dell' Ist. IX, 36 publicirt ist. Der sonderbare und unharmonische Eindruck, welchen dieser Kopf wenigstens in der Abbildung macht, möchte sich vielleicht daraus erklären, dass auch hier ein ursprünglich dem polykletischen verwandter Typus von einer andern Schule umgebildet worden ist, und diese Umbildung wiederum in einer sehr späten Copie vorliegt.]

### 90. Kopf und Brust einer Statue des Ares.
Marmor. — Madrid.

Abgebildet Ber. der sächs. Ges. d. Wissensch. 1864 Taf. I. Vergl. ebd. p. 173 ff. (Stark.) Hübner Die ant. Bildw. in Madrid no. 123. Friederichs Bausteine no. 102.

Auf der linken Schulter ruht die Aegis. — Die Arbeit des vorliegenden Exemplars ist ungleich und zum Theil vernachlässigt.

### 91. Weiblicher Kopf.
Marmor. — Madrid.

Abgebildet Nuove memorie dell' Ist. Taf. III. Vergl. ebd. p. 34 ff. (Hübner). Hübner Bildw. in Madrid no. 571. Friederichs Bausteine no. 452.

### 92—123. (267—284 W) Sculpturen von den Metopen des Zeustempels in Olympia.
Marmor. — Paris, Louvre.

Abgebildet Expédition de Morée I pl. 74 ff. Clarac pl. 195$^{bis}$ Vergl. Rhein. Mus. 1832 p. 503 ff. (Welcker). Friederichs Bausteine no. 106—109. Archäol. Zeitung 1866 p. 258 (E. Petersen). Berichte der sächs. Gesellsch. der Wissenschaften 1868 p. 135 f. (Overbeck.)

Pausanias (V, 10, 9) führt, nachdem er von den Giebelfeldern des Zeustempels gesprochen hat, Heraklesthaten auf, und zwar an der Seite des Haupteinganges, also der Ostseite, den Fang des arkadischen Ebers, den Kampf gegen den thrakischen Diomedes, den gegen Geryones, wie Herakles dem Atlas seine Last abnehmen will, die Reinigung von Elis vom Miste der Heerden des Augias. An der Westseite die Abenteuer mit der Amazone, der Hindin, dem knossischen Stier, den stymphalischen Vögeln, der Hydra, dem nemeischen Löwen.

Die vorhandenen Reste lehren, dass diese Thaten auf Metopentafeln dargestellt waren. Dass diese mit den Heraklesthaten geschmückten Metopen nicht die äusseren, sondern innere gewesen seien, macht die Art, wie sich Pausanias ausdrückt (ὑπὲρ δὲ τοῦ ὀπισθοδόμου τῶν θυρῶν τοῦ ζωστῆρος τὴν Ἀμαζόνα ἐστὶν ἀφαιρούμενος κτλ.) und der Umstand, dass an den äusseren Fronten nicht sechs, sondern zehn Metopen vorhanden waren, nicht unwahrscheinlich. Denn es ist kaum anzunehmen, dass fast alle Thaten mehrere Metopen eingenommen haben sollten. Dagegen ist dies von einer That des Herakles auf der Ostseite anzunehmen, da hier Pausanias nicht wie auf der Westseite sechs, sondern nur fünf angibt, und auch sein Ausdruck τὰ πολλὰ τῶν ἔργων darauf hinführt, dass nicht ein Cyclus von zwölf Thaten dargestellt gewesen sei.

Von den Sculpturen der Ostseite sind Reste vorhanden

(92) vom Fang des arkadischen Ebers ein Stück Kinnlade mit zwei Hauern (Clarac pl. 195 bis, 211 H).

(93) vom Kampf mit Diomedes ein Pferdekopf (Clarac 211 D). Stücke von den Beinen der Pferde sind gefunden, aber nicht nach Paris gebracht worden.

(94) vom Kampf mit Geryones Schild und Theil der Gestalt des Geryones, gegen welchen das linke Bein des Herakles eingestemmt ist (Clarac 211 E).

Von den Sculpturen der Westseite

(95) Herakles mit dem Stier (Clarac 211 C).

(96) Der Löwe, auf welchen Herakles den rechten Fuss aufsetzt; am Hintertheil des Löwen ist die linke Wade des Herakles und ein Rest der Keule erhalten (Clarac 211 A).

Zwei Fragmente der Hydra (Expéd. de Morée pl. 75, IX).

Die übrigen Stücke (97—123) lassen sich nicht mit Sicherheit vertheilen; sie sind alle an der Ostseite oder nicht weit davon entfernt gefunden worden. Das bedeutendste ist (97) Athena, auf einem Felsen sitzend; sie schaut offenbar einer That des Herakles zu (Clarac 211 B). Der Kopf des Herakles ist noch dreimal vorhanden (no. 98. 103. 105 Clarac 211 h i l).

Zur Architektur gehören zwei Löwenköpfe als Speier (no. 99. 101 Clarac 211 p. q).

Die Sculpturen zeigten bei der Auffindung noch deutliche Spuren von Bemalung.

## 124—135. Sculpturen vom Parthenon *).

Marmor. — London, Athen, Paris.

Vergl. Michaelis Der Parthenon, Tafeln und Text. (Leipzig 1870.)
Archäol. Zeitung XXIX (1871) p. 110 ff. (Michaelis.)

### Figuren aus den Giebeln.

Aus dem Westgiebel (Streit der Athena und Poseidons um Attika).

(124) Kephisos (Michaelis Taf. 8, 1).

(125. 147 W) Frauenkopf, früher im Besitz Webers in Venedig. Man vermutet, dass er zu den Giebelfiguren, und zwar am wahrscheinlichsten zu denen des westlichen Giebels gehöre (Michaelis Taf. 8, 6 p. 195 f.).

Aus dem Ostgiebel (Geburt der Athena).

(126) Sogenannter Theseus (Michaelis Taf. 6, 10).

(127) Sogenannte Iris (Michaelis Taf. 6, 12).

(128) Gruppe, berühmt unter dem Namen der Thauschwestern (Michaelis Taf. 6, 16).

(129. 243 W) Pferdekopf, vom Zweigespann der herabtauchenden Selene (Michaelis Taf. 6, 18).

### Zwei Metopen.

(130. 266 W) Kampf eines Lapithen und Kentauren (Michaelis Taf. 3, I).

(131. 265 W) Kentaur eine Frau anfassend (Michaelis Taf. 3, X). Diese Metope ist durch Restauration entstellt.

### Reliefs vom Fries.

Der Fries stellt den panathenäischen Festzug dar. Der Zug ergiesst sich von der Westseite aus an den beiden Langseiten nach der Ostfront, an welcher die Götter, selbst der Festlichkeit sich freuend und zuschauend dargestellt sind. Die Scenen zwischen den beiden Götterreihen sind innerhalb des Tempels vorgehend zu denken. An der Westseite und an den ihr nächsten Theilen der Nordseite ist der Zug theilweise noch nicht völlig geordnet und in Vorbereitung.

Von der Südseite.

(132$^a$) Viergespann; auf dem Wagen Wagenlenker und mit Schild und Helm gerüsteter Jüngling (Michaelis Taf. 11, XXX).

(132$^b$) Kopf einer der Opferkühe (Michaelis Taf. 11, XL).

(132$^c$) Opferkühe werden geführt. Einer der geleitenden Jünglinge setzt sich einen Kranz auf (Michaelis Taf. 11, XLII).

---

*) Auf dem Tische in der Nähe der Parthenonsculpturen ist ein Modell der Akropolis von Athen aufgestellt, welches E. von der Launitz ausgeführt hat.

### Von der Westseite.

(133ᵃ) Ein Jüngling, neben seinem Pferde stehend, befestigt die Sandale (Michaelis Taf. 9, XV, 29).

(133ᵇ⁻ˡ) Reiter (Michaelis Taf. 9, XII, 22. 23. II—X).

### Von der Nordseite.

(134ᵃᵇ) Reiter (Michaelis Taf. 13, XLI. XLII).

(134ᶜ) Wagen (Michaelis Taf. 12, XIV).

### Von der Ostseite.

(135ᵃᵇᶜ) Attische Mädchen mit Opfergeräten (Schalen, Kannen, Kandelaber); der Mann vor den beiden vordersten hält eine Opferschüssel (Michaelis Taf. 14, VII. VIII). Die vordere Platte ist durch Restauration entstellt.

(135ᵈᵉᶠ) Vornehme Athener (Michaelis Taf. 14, VI, 43. 44. 45).

135ᵍʰⁱ) Eros, Aphrodite, Peitho, Apoll, Poseidon, Hephäst, Athena (Michaelis Taf. 14, V, 36. 37. VI).

(135ᵏˡ) Ein Schatzmeister (?) faltet mit einem Knaben ein grosses Tuch zusammen; man hat vermutet dies sei der panathenäische Peplos. Eine Frau, vielleicht die Priesterin der Athena Polias, nimmt Mädchen Stühle ab (Michaelis Taf. 14, V).

(135ᵐ⁻ᵒ) Zeus, Hera, Nike, Hermes, Hestia, die beiden Dioskuren (?) [nach Michaelis sind die letzten vier Figuren Triptolemos, Demeter, Dionysos, Hermes] (Michaelis Taf. 14, V. VI).

(135ᵖ) Vornehme Athener (Michaelis Taf. 14, IV).

## 136. Statuette der Athena.

Marmor. — Athen, Cultusministerium.

Abgebildet Annali dell' Ist. 1861 tav. d'agg. OP. Vergl. ebd. p. 334 ff. Archäol. Zeitung 1865 Taf. 196. 197 p. 33 ff. (Conze.) Michaelis Der Parthenon Taf. 15. p. 266 ff. Vergl. Conze Die Athenastatue des Phidias (Berlin 1865). O. Jahn Aus der Altertumswissenschaft p. 213 ff.

Diese unvollendete Statuette ist, wie zuerst Ch. Lenormant erkannte, in Haltung und Anordnung eine Nachbildung der Parthenos des Phidias. Auf der rechten, mit der Fläche nach oben gekehrten Hand ist eine kleine Nike zu denken; auf derselben Seite wie Schild und Schlange, an den inneren Schildrand angelehnt und von der linken Hand gehalten, die Lanze.

Auf dem Schild aussen ist in der Mitte das Gorgoneion; die übrigen Figuren stellen den Kampf der Athener mit den Amazonen dar. Eine ausführlichere Reminiscenz des Schildes der Parthenos, auf dem sich auch die Gestalten des Perikles und Phidias, welche nach der Tradition unter den kämpfenden

Athenern angebracht waren, etwas deutlicher erkennen lassen, hat Conze im britischen Museum entdeckt. Die entsprechenden Figuren auf dem Schild der Statuette sind der Steinschleuderer (Phidias) über dem Gorgoneion, und der Kämpfer neben ihm (Perikles).

Was sich der Verfertiger der Statuette unter den Figuren dachte, welche er an der Vorderseite der Basis anbrachte, lässt sich bei dem geringen Grad der Ausführung, den sie erreicht haben, nicht erkennen; links darf man den aufsteigenden Helios, rechts Selene auf einem Maulthier vermuten. Phidias hatte an der Basis der Parthenos die Geburt der Pandora dargestellt.

„Die Anordnung der Massen in der Statuette mit auffallend regelmässiger Vertheilung auf beiden Seiten in der gerade fallenden Gewandung, in der gleichgetheilten Aegis, im geradeaus blickenden Kopfe, in den in gleichen Linien sich beiderseits herabsenkenden Armen stimmt wohl zu der feierlichen Regelmässigkeit, wie wir sie in einem Tempelbilde voraussetzen müssen, das gleichzeitig mit dem ganzen Bau erdacht, von vornherein darauf angelegt sein musste, den Mittel- und Gipfelpunkt im Innern des Parthenon auszumachen; denn man kann doch nicht anders als annehmen, dass das Gesetz, welches mit unerbittlicher architektonischer Strenge die Bauglieder des Parthenon im Grossen und Kleinen durchweg symmetrisch vertheilte und welches bei aller Freiheit der entwickelten Bildkunst doch auch in den grossen Compositionslinien der Giebelgruppen und des Frieses als maassgebend sich zu erkennen giebt, dass dieses Gesetz der Ruhe, der Festigkeit, des symmetrischen Gleichmaasses auch das gewaltige Götterbild im Innern des Tempels bis zu einem gewissen Grade gefesselt gehalten haben wird, um so mehr, da Symmetrie und Einfachheit der Linien stets besonders gern dem Ausdrucke der Erhabenheit und Feierlichkeit dient." Conze.

Eine Nachbildung, welche von dem Typus des Kopfes der Statue des Phidias und überhaupt von der Schönheit der ganzen Figur eine genauere Vorstellung gäbe, ist bisher noch nicht gefunden worden. Reminiscenzen finden sich oft auf attischen Reliefs (vergl. no. 137. Michaelis der Parthenon Taf. 15 p. 279 f. Schöne Griech. Reliefs p. 22). Für den Typus des Kopfes bietet vermutlich der schöne Kopf in München (no. 138) die wichtigste Analogie, obgleich er schwerlich unmittelbar auf Phidias selbst zurückzuführen ist.

### 137. Votivrelief.

Marmor. — Berlin (aus Athen).

Abgebildet Archäol. Zeitung 1857 Taf. 105. Welcker A. Denkm. V, 7. Michaelis Der Parthenon Taf. 15, 7. Vergl. ebd. p. 279 f. Schöne Griech. Reliefs p. 44.

Athena mit Nike auf der rechten Hand. Dabei steht eine weibliche Figur mit einem Schlüssel, vermutlich eine Priesterin; sie wird von der Nike bekränzt. Die Scene ist innerhalb eines Heiligtums zu denken, wie die neben Athena angebrachte Säule lehrt.

### 138. (153 W) Büste der Athena.
Marmor. — München, Glyptothek.

Abgebildet Bouillon I, 66, 1. Braun Kunstmythologie Taf. 57. Müller-Wieseler II, 19, 198. Vergl. Brunn Beschreibung der Glyptothek no. 92.

„Die Schärfe in der Bezeichnung der Formen, namentlich der Augenbrauen und die geringe Weichheit der fleischigen Theile deuten auf die Nachbildung eines Bronceoriginals. Die Ausführung selbst gehört der guten römischen Zeit an und lässt, wenn sie auch die Feinheit des echt griechischen Meissels nicht erreicht, doch den Typus dieser Gattung von Pallasbildungen so rein wie kaum ein anderer uns erhaltener Kopf erkennen." Brunn.

„Das Werk ist nach dem Vorbilde der Pallas von Velletri [no. 303], aber vorzüglicher als diese in der Ausführung." Welcker.

### 139. Relief aus Eleusis.
Marmor. — Athen, Theseion.

Abgebildet Monumenti dell' Istituto VI, 45. Ber. d. sächs. Ges. d. Wiss. 1861 Taf. 5. Vergl. Kekulé Die ant. Bildw. im Theseion no. 67. Welcker A. Denkm. V p. 104 ff. (Die Abbildungen ebd. Taf. VI und bei Schnaase Kunstgeschichte Band II p. 223 der Bearbeitung durch Friederichs sind in dem Charakter der beiden Frauen, besonders in dem Kopf derjenigen zur Linken durchaus falsch; auch die übrigen Abbildungen sind darin nicht genau.) Bullettino dell' Ist. 1872 p. 8 (Flasch). Schöne Griech. Reliefs p. 30.

Zur Linken steht Demeter, mit langen Locken, das Scepter in der linken Hand. Sie giebt mit der rechten Hand dem vor ihr stehenden Knaben irgend etwas in seine rechte Hand. Der Knabe wird von der von rechts herantretenden Kora bekränzt. In dem Knaben hat man Triptolemos, Jakchos, zuletzt einen Sieger in einem Wettkampf zu Eleusis vermutet, der von Demeter als Siegespreis Aehren erhalte.

### 140. Fries von Phigalia.
Marmor. — London, British Museum.

Abgebildet Stackelberg Der Apollotempel zu Bassae. Anc. marbl. IV, 1 ff. Vergl. Müller-Wieseler I, 28. Annali dell' Istituto 1865 p. 43 ff. (Ivanoff.) Friederichs Bausteine p. 178 ff. Overbeck Gesch. der griech. Plastik I² p. 369 ff.

Die hier im Abguss vorhandenen Proben enthalten a—c (Stackelberg no. 1. 10. 3. 13) Scenen aus dem Amazonenkampf, d—g (Stackelberg no. 18. 15. 20) Scenen aus dem Kentaurenkampf.

a. Amazone auf den Boden gesunken, von einem Athener an den Haaren gefasst. — Amazone schützt eine Genossin mit dem Schild.

b. Amazone sucht einen Athener, der sie an den Haaren von dem Altar, auf den sie zurückgesunken, vorwärts reissen will, vergeblich abzuwehren. — Amazone und Athener im Kampf.

c. Amazone hält eine Genossin in dem tödtlichen Schlag auf, den diese einem wehrlos zu Boden gesunkenen Gegner versetzen will. — Amazone stützt eine gesunkene Gefährtin.

d. Apoll und Artemis kommen auf von Hirschen gezogenem Wagen den Griechen im Kampf mit den Kentauren zu Hülfe. Artemis lenkt das Gespann, Apollon spannt den Bogen.

e. f. Kentauren und Griechen im Kampf.

g. Der unverwundbare Kaeneus wird von zwei Kentauren deren einen ein Grieche vergeblich wegzureissen sucht in die Erde gedrückt. Eine Frau flieht davon.

Es ist aus dem Altertum kein Werk erhalten, das sich an Gewalt und Kühnheit mit der Composition dieses Frieses vergleichen liesse. Vollkommene Herrschaft über alle Kunstmittel dient einer unerschöpflich reichen Phantasie, welche die Gestalten und Ereignisse der Sage mit der grössten sinnlichen Kraft und Wahrheit, und zugleich menschlich und poetisch ergreifend vorzuführen wusste.

Diese Sculpturen konnten deshalb nicht verfehlen, seit ihrem ersten Bekanntwerden Bewunderung zu erregen. Aber daneben hat man vielfachen Anlass zu Tadel zu finden geglaubt und diesen Widerspruch auf verschiedene Weise zu erklären gesucht. Ein attischer Meister soll den Fries componirt und die Ausführung geringen arkadischen Bildhauern überlassen, oder ein arkadischer Meister soll attische Kunstwerke nachgebildet und durch eigene Zuthaten verdorben haben. Die „in den Zwischenräumen der Figuren wirr und kraus fliegenden Gewänder, welche sich nur ganz unmerklich über den Stein erheben und gegen das kräftig vortretende Hochrelief nicht allein der nackten Körper, sondern auch anderer Theile der Gewandungen einen Contrast bilden," sollen den Gedanken nahe legen, diese Gewänder seien eigenmächtige Zusätze der ausführenden Steinmetzen. Die Gewänder werden als geschnörkelt, eine Reihe von Bewegungen und Verkürzungen als unschön und misslungen, die Köpfe als ausdruckslos, die Gestalten im allgemeinen als zu gedrungen getadelt.

Einem Werke gegenüber, welches so unverkennbare Zeichen

vollendeter Meisterschaft an sich trägt, wie der Fries von Phigalia, welches, voll Glut und Leben, als Ganzes wie es nun einmal ist, auch die Tadler des Einzelnen zu enthusiastischer Bewunderung hinreisst, wie wir in ihm in der That etwas dem orgiastischen verwandtes, eine stürmische rauschende Begeisterung in den Linien der Schönheit zu gewahren glauben — einem solchen Werke gegenüber möchte es angemessener und natürlicher sein, sich vor allem der Bedingungen zu erinnern, unter welchen es zu wirken bestimmt war, als der Ueberlegenheit des eigenen Urteils vorschnell zu trauen und zur Lösung angenommener Widersprüche Vermutungen aufzustellen, welche der inneren Wahrscheinlichkeit und jeder Analogie entbehren.

Die Bemerkung, welche man ausgesprochen hat, der Fries von Phigalia sei schon deshalb kein Originalwerk, weil die Kaeneusgruppe mit derjenigen des Frieses am Theseion übereinstimme, ist in dieser Fassung kaum verständlich; und der vermutlich zu Grunde liegende Gedanke ist irrig. Dann hatte auch der Zeus des Phidias, die Hera des Polyklet keinen Anspruch darauf, für original zu gelten. Ausser dem Fries des Theseion gab es sehr viele andere Darstellungen der Kentaurenkämpfe; ihnen allen waren ohne Zweifel eine grosse Zahl von Motiven gemeinsam, wie überhaupt in allen Zeiten der Kunst eine Fülle von Formen als Gemeingut existirt, die jeder Künstler ohne weiteres Nachdenken als sein Eigentum benutzt und je nach Bedarf mehr oder minder modificirt, und für welche ein bestimmter Urheber in den seltensten Fällen namhaft gemacht werden kann. Wer offnes Auges den Fries des Theseion mit dem von Phigalia vergleicht, wird nicht zweifeln, dass in der glücklichen und selbständigen Weiterbildung und Umformung solcher allgemein üblicher Motive und überhaupt an künstlerischer Kraft und Originalität, die Sculpturen des Theseion sich zu denen von Phigalia verhalten, wie der Halm zum Eichbaum, das Kind zum Manne.

Mangelhafte Figuren und Theile, mit deren Ausführung Phidias und seine Schüler sehr unzufrieden gewesen sein mögen, finden sich auch in den Parthenonsculpturen. Der Meister hat nur zwei Hände; er muss die Arbeiter nehmen, wie er sie eben findet. Aber es möchte schwerlich jemals in einer antiken oder modernen Bildhauerwerkstatt ein untergeordneter Arbeiter es sich herausgenommen haben, eigenmächtig Gewänder zuzufügen und es ist nicht zu befürchten, dass ihm dies, wenn er es gewagt hätte, gestattet worden wäre. Eine relativ unvollkommene Ausführung eines monumentalen Werkes kann nicht berechtigen, die Originalität desselben zu bezweifeln oder den Händen von Steinmetzen eine selbständige Rolle anzuweisen. Der Meister übernimmt den Auftrag; sein ist der Ruhm, wie die Verantwortung: der Meister des Frieses von Phigalia hat sich des vollendeten Werkes nicht zu schämen.

Wer einige Platten des Frieses auch nur in eine mässige Höhe erhoben von unten sieht, wird wenig Anlass zu Tadel auffinden können. Bei der bedeutenden Höhe, in der er gesehen zu werden bestimmt war, konnten Nachlässigkeiten der Ausführung nicht bemerkt werden; auch die angeblich falschen Verkürzungen werden vermutlich vom richtigen Standpunkte aus gesehen sich als nicht falsch erweisen, und ebenfalls der Höhe wegen sind die gedrungenen Verhältnisse der Figuren gewählt, da eine Gestalt, die aus der Höhe der Natur entsprechend wirken soll, nicht mechanisch vergrössert werden darf, sondern an Masse zunehmen muss. Die flatternden Gewänder dienen dem Eindruck der stürmischen Bewegung. Sie sind auch formell von glücklichster Wirkung. Ohne diese Gewänder würden die Gruppen leer, die bewegten Gestalten kahl erscheinen. Aber wenn sie gleich den Figuren selbst in hohem Relief ausgeführt wurden, mussten bei dem scharfen Oberlicht ihre Schatten die Figuren zerschneiden und verwirren. Von dem gefärbten Grund hoben sie sich auch in flachem Relief ausgeführt deutlich ab, und sie wirken was sie sollen, ohne neben den wichtigeren Elementen der Composition anders als untergeordnet und die Wirkung fortsetzend und begleitend zu erscheinen. Die Köpfe endlich sind einem durchgehenden Gesetz der antiken Kunst gemäss auf denselben Grad der Ausführung gebracht, wie die Leiber und Gewänder. (Vergl. no. 169.) Ein höherer Grad der Durchbildung würde von unten weder an den Köpfen noch an den Gestalten erkennbar gewesen sein, und hätte bei der Art des Gegenstandes die Wirkung aus der Ferne, die auf rücksichtsloser Deutlichkeit der hauptsächlichsten Formen und Bewegungen beruht, nicht allein nicht gesteigert, sondern aller Wahrscheinlichkeit nach geschwächt und verwirrt.

### 141. Proben vom Fries des Tempels der Athena Nike.

Marmor. — Athen, London.

Abgebildet Ross Der Tempel der Nike apteros (Berlin 1839) Taf. XI. XII. Vergl. Anc. marbl. in the Brit. Mus. IX, 10. 11. Müller-Wieseler I, 29 124. Kekulé Die Balustrade des Tempels der Athena Nike p. 15 ff.

a. Aphrodite, Eros, Peitho (?) aus der Götterversammlung am Ostfries (Ross Taf. XI, a).

b—e. Scenen aus Kämpfen zwischen Athenern und Persern (Ross Taf. XII g e XI k XII a) und f Athenern und Griechen (Ross Taf. XI l).

### 142. Probe von den Reliefs an der Balustrade des Tempels der Athena Nike.

Marmor. — Athen.

Abgebildet Kekulé Die Balustrade des Tempels der Athena Nike Taf. III, N. Vergl. ebd. p. 29 f.

Nike steckt ein aufgegangenes Band an der Sandale fest.

### 143. (362 W) Theil eines Reliefs.

Marmor. — Florenz.

Abgebildet Montfaucon Antiq. expl. I, 2, 164. Vergl. Visconti Pio-Clem. V, 9. Kekulé Die Balustrade der Athena Nike p. 32 f.

Frau einen Stier oder eine Kuh zum Opfer führend. Auf dem Original geht eine zweite Frau voraus. Die Composition ist die Umbildung eines Motivs am Balustradenrelief des Tempels der Athena Nike auf der athenischen Akropolis. Dort ist das Opferthier, welches von Niken geführt wird, eine Kuh. — Zum Gegenstand vergl. Schöne Griech. Reliefs Taf. 31, 126.

### 144. Karyatide vom Erechtheion.

Marmor. — London, British Museum.

Abgebildet Anc. marbl. in the Brit. Mus. IX, 6. Müller-Wieseler I, 20, 101.

### 144ª. (177 W) Kopf einer Karyatide.

Zum Theil restaurirt. Von einer der Repliken der Figur no. 144.

### 145. Proben vom Fries des Erechtheion.

Marmor. — Athen.

Abgebildet Schöne Griech. Reliefs Taf. I—IV no. 2. 7. 16. Vergl. ebd. p. 1 ff.

a (Schöne no. 7); b (Schöne no. 2); c (Schöne no. 16).

### 146. Diskobol, Stellung nehmend.

Marmor. — Rom, Vatican.

Abgebildet Pistolesi Il Vaticano descritto VI, 9 (1). Archäol. Zeitung 1866 Taf. 209. Vergl. ebd. p. 169 ff. (Kekulé).

Der Jüngling ist, den schweren Discus in der linken Hand, zum Wurfe angetreten, um zunächst die richtige und sichere Stellung zu nehmen, welche das Gelingen des Wurfs bedingt. Einzig darauf ist sein ganzer Sinn gerichtet. Diese gespannteste Aufmerksamkeit theilt sich gleichsam dem ganzen Körper mit, der wie in elastischer vibrierender Bewegung erscheint. Besonders ausdrucksvoll ist der rechte vorgestellte Fuss, welcher mit dem tastenden fingernden Gefühl einer Hand auf dem Boden seinen Stand sucht. Die rechte Hand ist erhoben, bereit den Discus sofort zu fassen, und in unwillkürlicher Bewegung spielen ihre Finger. Im nächsten Moment wird der Jüngling, mit dem linken Fuss vortretend und sich hoch aufrichtend den Discus mit beiden Händen in die Höhe des Auges erheben, um sein Ziel zu nehmen; dann erfolgt mit gewaltigster Kraftentwicklung der Uebergang in die myronische Stellung des Abschleuderns (vergl. no. 80. 81). Aus der Vortrefflichkeit der Statue, welche von den Künstlern besonders hoch gestellt wird, und eine *statua di precetti* genannt worden ist, und aus dem Vorhandensein mehrerer Repliken schloss E. Q. Visconti mit Recht auf ein im Altertum hochberühmtes Original. Er glaubte dies in dem litterarisch bezeugten Diskobol des Naukydes, aus der Schule Polyklets, zu finden.

Die Statue gehört vielmehr der attischen Schule der besten Zeit an. Die Proportionen, der Typus des Kopfes, in dessen Profil die unrichtig restaurirte Nase nicht irren kann, die ganze Auffassungsweise finden ihre nächste und deutlichste Analogie in den Sculpturen des Parthenon und anderen sicher attischen Werken. Als charakteristisch für diese attischen Werke der besten Zeit lassen sich neben anderen Kennzeichen auch diejenigen angeben, welche die antike Physiognomonik für den εὔθυμος aufstellt μέτωπον εὐμέγεθες καὶ σαρκῶδες καὶ λεῖον· τὰ περὶ τὰ ὄμματα ταπεινότερα, καὶ ὑπνωδέστερον τὸ πρόσωπον φαίνεται, μήτε δεδορκὸς μήτε σύννουν. (Aristot. Physiogn. p. 802ᵃ ed. Berol.)

Von den durch die litterarische Tradition bekannten Werken der attischen Schule dieser Zeit würde man nur an die durch den Beinamen ἐγκρινόμενος von den alten Künstlern als klassisch anerkannte Siegerstatue eines Pentathlos von Alkamenes denken können. Da der Discuswurf neben dem Sprung als charakteristisch für den Fünfkampf galt, und das was über den Kunstcharakter des Alkamenes überliefert ist, mit der Statue sehr wohl zu vereinigen ist, so ist es wohl möglich, dass in derselben eine Nachbildung jenes berühmten Werkes des Alkamenes vorliegt.

### 147. Amazone.
Marmor. — Rom, Capitol.

Abgebildet Mus. Capitol. III, 46. Müller-Wieseler I, 31, 137. Vergl. Berichte der sächs. Gesellsch. der Wissensch. 1850 p. 39 ff. (O. Jahn.) Rhein. Mus. N. F. XXI (1866) p. 322 ff. (Klügmann.)

Die Amazone ist unter der rechten Brust verwundet und sucht Halt zu gewinnen, indem sie sich mit der rechten Hand — welche sich der Ergänzer klagend erhoben dachte — auf ihren Speer stützt. Der linke Vorderarm ist ebenfalls neu; aber die Bewegung ist indicirt und vielleicht hat der Ergänzer das richtige getroffen, indem er die Hand das Gewand von der Wunde entfernen lässt. Doch könnte man sich diese Hand auch dicht neben der Wunde aufgelegt denken.

„Der Eindruck der Statue ist ein sehr bestimmter, gesammelter; es ist klar, dass sie nicht etwa ein Theil eines grösseren Ganzen war, sie ist in sich vollkommen abgeschlossen und befriedigend, sie ist für sich gedacht und ausgeführt. Die trübe Herbigkeit des Ausdrucks wird durch die Schönheit und frische Fülle der Form gemildert und es spricht sich eine so gesunde Kraft in dem Werke aus, dass man seine Entstehung nur der besten Zeit der griechischen Kunst zuschreiben kann." O. Jahn.

Früher glaubte man diese Statue und ihre Repliken auf die verwundete Amazone des Kresilas zurückführen zu können. Klügmann vermutet, dass vielmehr ein Original des Phidias zu Grunde liege, dessen Amazone von Lucian als $\dot{\varepsilon}\varrho\varepsilon\iota\delta o\mu\acute{\varepsilon}\nu\eta$ $\tau\tilde{\wp}\ \delta o\varrho\alpha\tau\iota\wp$ bezeichnet wird. — Die Inschrift auf dem Stamme

CWCIKΛH
(N)

kann nicht wohl den Künstler bezeichnen, sondern wird der Vermerk des Besitzers oder Verkäufers oder dergl. sein.

### 148. Amazone.
Marmor. — Paris, Louvre.
Abgebildet Clarac pl. 265, 2033.
Büste von einer Replik der Statue no. 147.

### 149. (174 W) Maske von der Statue einer Amazone.

### 150. Amazone.
Marmor. — Dresden (aus Salamis).
Abgebildet Berichte der sächs. Gesellschaft der Wissensch. 1850 Taf. I. II. Vergl. ebd. p. 32 ff. (O. Jahn.) Hettner Die Bildwerke der Antikensamml. zu Dresden (1869) no. 164.

Früher in Stackelbergs Besitz. Die Ergänzungen (Kopf, linker Unterarm mit Schild, rechte Hand mit dem grössten Theil der Streitaxt, die Beine von den Knien abwärts samt der Basis und einem Theil des Tronks) sind von Thorwaldsen.

### 151. Statuette einer Amazone.
Marmor. — München, Antiquarium.
Abgebildet Abhandl. der bayer. Akad. der Wissensch. I. Classe X, 2 Taf. 5. Vergl. ebd. p. 397 f. (Christ.) Christ Führer durch das Antiq. p. 47 f.

### 152. Eirene und Plutos.
Marmor. — München, Glyptothek.
Abgebildet Bouillon II, 5. Archäol. Zeitung 1859 Taf. 121. 122. Vergl. Friederichs ebd. p. 1 ff. Bausteine no. 411. Brunn Ueber die sogenannte Leukothea (Schriften der Münchener Akademie 1867). Beschreibung der Glyptothek no. 96. Hermes VI (1871) p. 99 (Köhler).

In dieser unter dem Namen der Leukothea berühmten Gruppe hat Brunn, durch Vergleichung athenischer Münzen Eirene und Plutos, und zwar die Copie der Gruppe des älteren Kephisodot nachgewiesen, welche in Athen auf der Agora aufgestellt war. Wie auf der Münze hielt Eirene in der rechten Hand das Scepter, das sie als Göttin bezeichnet, Plutos in der Linken ein Füllhorn. Die Gesichtsbildung der Eirene ist mit derjenigen der schönsten Dionysosköpfe verwandt. Zur Bezeichnung des Charakters der Darstellung lassen sich die Worte des Dio Chrysostomus verwenden ....... γυνὴ σφόδρα ὡραία καὶ ἁβρῶς ἐσταλμένη καὶ μειδιῶσα ἀλύπως· Εἰρήνην καλοῦσιν αὐτήν.

### 153. (119 W) Büste von einer Statue des Dionysos.

Marmor. — Rom, Vatican.

Abgebildet Visconti Pio-Clem. II, 41. Bouillon I, 28. Clarac pl. 684, 1602. Müller-Wieseler II, 31, 347.

„Der bärtige sogenannte indische Bacchus von der berühmten Statue im Vatican, an welcher Jemand als einen zweideutigen Ehrennamen des Gottes angeschrieben hat Sardanapalos." Welcker.

### 154. Kopf des Dionysos.

Bronze. — Neapel, Museo nazionale (aus Herculanum).

Abgebildet Antichità d'Ercolano V, 27. 28. Mus. Borb. I, 46 (3). Müller-Wieseler II, 31, 342. Vergl. Friederichs Bausteine no. 438.

### 155. (120 W) Kopf des Dionysos.

Marmor. — Paris.

Abgebildet Bouillon I, 70 (1). Clarac pl. 1036, 2760$^d$. Vergl. Fröhner Notice no. 214.

### 156. Maussolos.

Marmor. — London, British Museum.

Abgebildet Newton Travels in the Levant II, 6. 8. 9 p. 109 ff. Overbeck Gesch. der griech. Plastik II$^2$ p. 70. Vergl. Philologus XXI p. 464 f. (Stark.)

### 157. 158^(a.b). Proben der Reliefs vom Maussoleum.

Marmor. — London, British Museum.

Abgebildet Mon. dell' Ist. V, 2. Overbeck Gesch. der griech. Plastik II² fig. 86, a. b. c. Vergl. Friederichs Bausteine no. 457 ff.

Scenen aus dem Amazonenkampf. (Früher in Genua.)

### 159—167. Proben von den Friesen des sog. Nereidenmonuments.

Marmor. — London, British Museum.

Vergl. Fellows Account of the Jonic trophay monument (London 1848). The Museum of classical antiq. I p. 256 ff. (Falkener.) Verhandlungen der 19. Philologenvers. zu Braunschweig (1860) p. 61 ff. (Urlichs.) Friederichs Bausteine no. 526 ff. Overbeck Gesch. der griech. Plastik II² p. 130 ff.

Das sog. Nereidenmonument ist ein grosses Grab- oder Ehrendenkmal in Xanthos, dessen Unterbau mit zwei Friesen von verschiedener Grösse geschmückt war. Der breitere, untere dieser Friese zeigt einen Kampf zwischen Fussvolk, das zum Theil nach asiatischer Weise gekleidet ist; dabei einzelne Reiter. Davon rühren die Platten 159—162 her. Der schmälere, obere Fries schildert den Kampf unter den Mauern einer Stadt, deren Belagerung und Uebergabe.

163 (Falkener LV). 164 (Falkener L). 165 (Falkener LXV). 166 (Falkener L). 167 (Falkener LXIII).

Urlichs vermutet, es sei in diesen Reliefs der Krieg der Lykier gegen Telmessos (um Ol. 102) dargestellt.

### 168^(a—o). (314 W) Reliefs vom Denkmal des Lysikrates.

Marmor. — Athen.

Abgebildet Stuart I chapt. 4. Anc. Marbl. in the British Mus. IX pl. 24 ff. Müller-Wieseler I, 37, 150. Vergl. Lützow Das Denkmal des Lysikrates (aus der Zeitschrift für bildende Kunst 1868). Boeckh Staatshaushalt I p. 598. 604.

In Athen errang unter dem Archon Euaenetos, d. i. Ol. 111, 2, Lysikrates einen choragischen Sieg und errichtete dafür ein Denkmal, ein kleines rundes geschlossenes Bauwerk, auf welchem oben, auf einer Blume von grösster Schönheit, der Dreifuss aufstand. Rings herum läuft ein Fries, der die Bestrafung der tyrrhenischen Seeräuber, welche Dionysos fangen wollten, durch Dionysos und sein Gefolge darstellt. Dionysos selbst erscheint in der Ruhe, die dem Gotte ziemt. Die Seeräuber werden gepeinigt und in Delphine verwandelt.

Einige Stücke (Anc. marbl. XXIV der Satyr links von Dionysos und XXV unten links die Gruppe des Seeräubers und Satyrs) fehlen im Abguss.

### 169. Relief, Orpheus und Eurydike.

Marmor. — Rom, Villa Albani.

Abgebildet Zoega Bassiril. I, 42. Vergl. Friederichs Bausteine no. 299. Archäol. Zeitung 1853 p. 84 (O. Jahn). 1869 p. 16 (E. Curtius); über griechische Reliefbehandlung Schöne Griech. Reliefs p. 21.

Orpheus, dessen Tracht von der für Griechen gewöhnlichen unterschieden ist, ist durch die Leier in der linken Hand als Sänger bezeichnet. Er ist nach Eurydike hingewendet und berührt mit der rechten Hand leise, und wie verzagt, die Linke der Eurydike, welche diese ihm fest auf die Schulter aufgelegt hat. (Vergl. no. 180.) Eurydike ist in einer Stellung, welche auf attischen Reliefs öfter ähnlich vorkommt. Aber es ist deutlich, dass sie gerade eben im Vorwärtsschreiten inne hält. Ihre rechte Hand fasst Hermes, der ebenfalls seinen Schritt hemmt, mit seiner Linken, während die Rechte in einer Bewegung, die dem sich selbst Vergessen im Nachsinnen, in Verlegenheit und Schmerz gleich natürlich ist, das Gewand anfasst. (Vergl. Kekulé Die antik. Bildw. im Theseion no. 154.) — Der Grund ist gefärbt zu denken; auch an der Art der Verzierung der hohen Stiefel des Orpheus und an andern Einzelheiten lässt sich erkennen, dass bei der Erfindung der Composition auf die Mitwirkung von Farbe gerechnet war.

Winckelmann und Alle nach ihm rühmen die Fähigkeit der antiken Kunst, heftige Affekte in milder Schönheit, wie gedämpft, und dennoch mit ergreifendem Ausdruck darzustellen. Dieses Relief ist besonders geeignet, einen Einblick in die Kunstmittel zu gewähren, durch welche diese Wirkung erreicht wird, die nicht nur in ruhigen Compositionen wie diese hier, sondern in einer ähnlichen Weise auch in lebhafteren empfunden wird.

Der Ausdruck liegt nicht im Einzelnen, sondern im Ganzen. Nicht eine auffällige einzelne Handbewegung, ein auffälliger schmerzlicher Zug im Gesicht oder dergleichen macht dem Beschauer die Situation klar und spricht sein Gefühl an, und lässt ihn diesen Eindruck in den übrigen Theilen des Ganzen nach und nach weiter verfolgen und begründen, sondern die Wirkung beginnt mit dem Eindruck des Ganzen, dem sich alles Einzelne unterordnet.

Es ist nicht möglich Orpheus oder Eurydike einzeln zu betrachten. Sie bilden eine einzige formell eng verbundene Gruppe. Die Haltung des linken Arms der Eurydike ist ausdrucksvoll, aber an sich unschön. Dieser Mangel an Schönheit in der einzelnen Bewegung, welcher durch das enge Beieinanderstehen der Figuren veranlasst ist, schien dem Künstler gleichgiltig — und er wird nicht bemerkt — gegenüber der Gesammtwirkung, welche gerade durch dies enge Beieinanderstehen der beiden Gatten hervorgebracht wird, deren Köpfe sich zusammenneigen, deren Gestalten durch die Symmetrie der Haltung zusammengeschlossen scheinen. Die Figur des Hermes, der durch die Profilstellung — während Orpheus und Eurydike mehr en face stehen — von Eurydike etwas weiter entfernt erscheint, bildet formell die eigentliche Entsprechung zu Orpheus. So ist die Gruppe der drei Figuren ineinander gekettet und Eurydike trotz ihrer engen Zusammengehörigkeit mit Orpheus deutlich herausgehoben. In Hermes wiederholt sich das Vorschreiten und das im Vorschreiten Innehalten der Eurydike; es wird durch diese Wiederholung bestimmter fühlbar. In der Bewegung der drei Figuren ist eine ganze Reihe der Zeit nach auf einander folgender Momente zusammengedrängt: das Vorschreiten des Zuges, das sich Umwenden des Orpheus, das vertraute Zusammensein der Gatten, das Innehalten des Vorwärtsgehens; und auch die sofortige Zurückführung der Eurydike musste dem Südländer aus der sanften und gemessenen Bewegung der linken Hand des Hermes, welche Eurydike als ihm gehörig in Anspruch nimmt, ohne jede Möglichkeit des Zweifels klar sein. (Vergl. Gal. di Firenze IV, 3, 153).

Die ganze Situation würde schon aus der Silhouette der drei Figuren verständlich sein; die einzelnen Theile der Figuren wirken nur als dienende Glieder des Ganzen mit.

Bei der Betrachtung dieses Reliefs glaubt man in den Köpfen einen gehaltenen, aber starken Ausdruck des Schmerzes zu lesen. Auch in dem Antlitz des Hermes meinte Friederichs einen Zug des Mitleids zu gewahren. Diese Empfindung in den Köpfen ist nicht wirklich vorhanden, sie scheint nur vorhanden zu sein. Wer die Abgüsse der Köpfe einzeln, ausserhalb des Zusammenhanges mit den Figuren, in anderer Haltung, oder in der gleichen aber weil sie des Zusammenhanges ermangeln, unverständlichen Haltung sieht, wird erst besonders überzeugt werden müssen, dass diese empfindungslosen, allgemeinen Züge dieselben seien, die er voll individueller, lebendiger Empfindung zu kennen glaubte; und dasselbe ist bei den Köpfen auch der schönsten attischen Grabreliefs der Fall. Die allgemeinen und empfindungslosen Züge gewinnen Leben und Ausdruck nur als Theil des Ganzen, im Zusammenhange der Bewegung der Gestalten; was immer von Ausdruck in der Gesammtcomposition und in der Haltung der einzelnen Figuren ausgesprochen ist, übertragen wir unwillkürlich in die Gesichter; denn die Bewegung gipfelt in den Köpfen.

In der Unterordnung sämmtlicher einzelnen Theile, also auch der Köpfe, unter das Ganze ist das Geheimniss der Harmonie beschlossen, welche den griechischen Werken der verschiedensten Stufen des künstlerischen Könnens und der wechselnden Zeiten gleichmässig eigen ist. Einen Gegensatz des Geistes und Körpers kannte die griechische Kunst nicht. Die Form in Füssen und Händen, und Rücken und Leib, in all und jedem Theile des Körpers ist ihr gleich wichtig, wie das Antlitz; sie vernachlässigt keinen Theil des Körpers dem Antlitz gegenüber; sie bringt stets die Zeichnung und Formbehandlung des Gesichts genau auf denselben Grad der Durchführung wie die übrige Gestalt.

Der Künstler bildet sein Werk nicht in Fleisch und Blut, sondern in einem spröden Stoff. Dieser Stoff hat seine eignen Gesetze; er nötigt den Künstler auf den unerschöpflichen und wechselnden Reichtum der Natur zu verzichten, an die lebendige Natur zu erinnern wo er sie nicht nachahmen kann, und die Wirkung seines Werkes wird dadurch mit nichten schwächer. Denn eben dadurch, dass er „das Wirkliche in ein Bild verwandelt," entfesselt und beflügelt er unsere Phantasie, der das Gefühl in Freude und Schmerz nachfolgt. Wofern nur die Nachahmung der Natur so treu und so weit geführt ist als es der Künstler nach seiner Individualität vermag und es die Gesetze des Materials und die jedesmalige Aufgabe gestatten, regt das bestimmtere Empfinden, dass der Künstler seine Gestalten aus der Wirklichkeit in eine andere Sphäre der Existenz versetzt hat, unsere Phantasie nur um so lebhafter an; die Köpfe, deren Ausdruck auf das Maass des in Form und Bewegung des Körpers ausdrückbaren herabgestimmt ist, belebt unsere Phantasie um so williger mit edler Empfindung. Die milde Harmonie, welcher der Künstler einen Theil des Ausdrucks geopfert zu haben schien, geht aus seinem Werke in unser Gemüt über. Gerade vor einfachen, in den Mitteln des Ausdrucks bescheidenen Werken, wie es das Orpheusrelief ist, überkommt uns am öftesten das Gefühl der Ruhe und Rührung, welche W. von Humboldt die allgemeinsten Kennzeichen der Wirkung echter Kunst genannt hat.

Die schöne Composition genoss schon im Altertum Ansehen, wie das Vorhandensein zweier Repliken lehrt. Die eine, mit den modernen Inschriften ZETVS ANTIOPA AMPHION ist aus Villa Borghese nach Paris, in das Louvre, gekommen; die andere mit den Inschriften

HPMHΣ EYPYΔIKH ƷYƎΦ9O

deren Echtheit ohne ausreichenden Grund angefochten worden ist, befindet sich im Museo nazionale zu Neapel.

Eine genaue Vergleichung der Reliefs in Neapel und in Villa Albani lässt erkennen, dass das neapler in der Haltung der Figuren und in der Zeichnung aller Formen strenger und altertümlicher ist als das albanische, in welchem die Haltung der Figuren etwas bewegter, die Zeichnung der Formen etwas weicher und flüssiger ist.

Von dem Relief in Paris liegt bisher keine Reproduction (in Abguss oder Photographie) vor, welche zu einer in's einzelne gehenden sicheren Vergleichung mit den beiden anderen Exemplaren und dadurch zu einer Feststellung des Verhältnisses zu diesen ausreiche. Doch möchte dasselbe, wenn eine flüchtige Erinnerung, der Eindruck des Stiches von Bouillon (II, 93) und einige in diesem Stiche angegebene Details nicht trügen, ebenfalls späteren Ursprungs sein als das neapler, das man geneigt sein könnte für das Original selbst zu halten.

### 170. (385ᶜ W) Relief, Medea und die Peliaden.

Marmor. — Rom, Lateran.

Abgebildet Böttigers Amalthea I, 1. Vergl. Benndorf und Schöne Die antiken Bildwerke des Lateranensischen Museums no. 92.

Medea, welche durch ihre barbarische Tracht und das Gefäss in den Händen deutlich bezeichnet ist, bringt in diesem die Zaubermittel herbei, welche Pelias verjüngen sollen. Die eine seiner Töchter setzt den Kessel auf dem Dreifuss zurecht. Sie ist ohne jedes Misstrauen in die Versprechungen der Zauberin. Die andere hat das Schwert zur That bereit; aber sie erwägt ängstlich und sorgenvoll das unerhörte Wagestück.

Die Composition zeigt ein Grundschema, wie es ähnlich öfter an vortrefflichen griechischen Reliefs beobachtet wird. (Vergl. no. 139. 169. Zoega Bassiril. II, 103. Archäol. Zeitung 1870 Taf. 24, 1. Benndorf und Schöne a. a. O. p. 63.) Die mittlere Figur bietet manche Vergleichungspunkte mit der Sandalenbinderin von der Balustrade des Tempels der Athena Nike dar. (no. 142.)

### 171. (310 W) Bruchstück eines Reliefs.

Marmor. — Rom, Vatican.

Abgebildet Dodwell Bassiril. 8. Mus. Chiaram. II, 45. Vergl. Friederichs Bausteine no. 358.

Früher irrtümlich zum Parthenonfries gerechnet, an welchen dieses schöne Fragment erinnert, ohne in der Reliefserhebung noch auch in der Arbeit genau zu stimmen. Es ist nicht unmöglich, dass das Fragment einem griechischen Grabrelief angehöre; doch lassen sich eben so wohl auch andere Verwendungen denken.

### 172. Relief, zwei Reiter.

Marmor. — London, British Museum.

Abgebildet Anc. marbl. in the Brit. mus. II, 11. Vergl. Schöne Griech. Reliefs p. 43.

### 173. Relief.
Marmor. — London, British Museum.

Abgebildet Specim. of anc. sculpt. I, 14. Müller-Wieseler I, 14, 50.

Ein Jüngling hält ein Pferd am Zügel; dahinter ein Hund. Der Zügel war aus Bronze angefügt. — Späte Reproduction eines älteren Werkes oder der Vortragsweise der älteren Kunst.

### 174. Grabrelief.
Marmor. — Athen.

Abgebildet Archäol. Zeitung 1871 Taf. 43 (ungenügend). Vergl. ebd. p. 19 f. (C. Curtius.) Preuss. Jahrb. 1871 p. 154 f. (Conze.)

Eine Frau, Hegeso die Tochter des Proxenos, wie sie durch die auf dem Epistyl angebrachte Inschrift bezeichnet wird, sitzt auf einem Stuhl und nimmt aus dem Kästchen, welches ihr das vor ihr stehende Mädchen reicht, eine Schnur. Diese Schnur war ursprünglich durch Farbe angegeben.

### 175. Grabrelief.
Marmor. — Athen.

Vergl. Archäol. Zeitung 1871 p. 27 f. (C. Curtius.) Preuss. Jahrb. 1871 p. 155 (Conze).

Eine sitzende weibliche Figur reicht einer vor ihr stehenden die Hand. Dabei ein bärtiger Mann.

Die einfache und hohe Schönheit dieses und des vorigen Reliefs muss jeden empfänglichen Beschauer ergreifen; sie wird in den meisten die Frage wachrufen, was es denn eigentlich sei das in diesen Scenen vorgehe.

Es war vor nicht langer Zeit fast allgemein üblich geworden anzunehmen — und die gleiche Ansicht ist noch immer viel verbreitet —, es seien in allen griechischen Grabreliefs einfach Scenen des täglichen Lebens zu erkennen. Nicht ein Abschied sei in den Familienbildern dargestellt, in denen sich Gatten oder Kinder und Eltern die Hände reichen, sondern ein Bild des blühenden Lebens, das Zusammensein, die innige Zuneigung der Lebenden, aber ohne unmittelbaren Bezug auf den schmerzlichen Anlass, an den der Denkstein erinnert; und diese Vorstellungsweise hat durch einen berühmten Ausspruch Goethes eine gewisse Classicität erhalten.

Wenn in vielen griechischen Grabreliefs genrehafte Scenen des täglichen Lebens dargestellt sind (vergl. no. 31. 33. 37. 179), so sind sie es doch nur in dem Sinne, dass ein Bild des Verstorbenen beabsichtigt ist und dies Bild in einer Situation gegeben ist, in der man ihn im Leben zu sehen gewohnt war. Es ist dabei gleichgültig, ob ein Porträt vorliegt, das über den allgemein üblichen Typus der Darstellung der menschlichen Gestalt hinausgeht, oder ob es darin befangen bleibt, ob es überhaupt von dem Künstler als individuelles Bild gearbeitet war. Die beigefügten Inschriften lehren, dass die Angehörigen auch in typisch wiederkehrende Scenen und Gestalten den Gedanken der persönlichsten Verhältnisse, der bestimmtesten Individualitäten hineinzulegen gewohnt waren.

Aber in vielen Fällen hat man sich mit einer solchen porträthaft gedachten — wenn auch selten wirklich porträthaft ausgeführten — Darstellung nicht begnügt, sondern theils an die Art des Todes erinnert, wie z. B. im Kampfe gefallene kämpfend dargestellt sind, theils, und dies war sehr allgemein üblich, eine Beziehung auf die Trennung des Sterbenden von den Seinen und den Freuden des Lebens hinzugefügt und auch Hinweisungen auf die Unterwelt sind einzelne Male bestimmt nachzuweisen. Die verschiedenen Arten der Grabreliefs werden künftig nach Zeiten und Landessitten zu scheiden sein; es ist glaublich, dass es gelingen wird, vielfache Uebergänge und das Zusammentreffen sehr verschiedenartiger Vorstellungen nachzuweisen. Aber in einer ganzen Reihe der edelsten Grabreliefs ist Trennung und Schmerz so unverkennbar und unzweideutig ausgedrückt, dass wir schwerlich irre gehen, wenn wir auch in gemässigteren und milderen Familienbildern dieselbe Scene der Trennung und des Schmerzes suchen. Denn es ist doch natürlich, in durchaus gleichartigen Monumenten eine ähnliche Stimmung vorauszusetzen. Eine Frau sehen wir an ihrem Grabmal dargestellt, wie sie ein Kind in den Händen hält oder einer Dienerin hinreicht — welcher Gedanke konnte an dieser Stätte dem Beschauer kommen, als dass die Mutter von ihrem Kinde Abschied nehme? Wenn die Frau schmerzlich ihrem Gatten die Hand reicht, wenn sie mit der ausdrucksvollsten Geberde des Schmerzes die Hand auf seine Schulter presst, wenn die Anderen sie traurig umstehen, die Hand an die Wange legen, den Kopf auf einer Hand, den Arm auf der Hand ruhen lassen, um was soll es sich handeln, als um Trennung und Abschied? Denn der griechische Sinn scheute sich nicht den Schmerz darzustellen, und da er das Rührende, das in der Thatsache des Abscheidens liegt, einfach und wahr empfand, konnte der Gedanke gar nicht aufkommen, dass ein gemässigter und milder Ausdruck desselben könne missverstanden werden.

Wer mit dieser Erkenntniss vor das Grabrelief der Hegeso tritt und hier dieselbe Stimmung leiser Klage gewahrt wie in jenen Abschiedsscenen, wird sich mit dem Gedanken einer „dem täglichen Leben entnommenen Schmuckscene" vielleicht nicht begnügen mögen. Er wird geneigt sein, das Porträt in eine bedeutsamere Situation zu rücken, einen Moment vorauszusetzen, wie wir ihn dem Tode nahe vorausgehend denken können, also etwa dass die Frau sich vor dem Tode noch einmal Dinge bringen lässt, die ihr wert waren, dass sie vielleicht davon auswähle, was sie selbst mit hinabnehmen will, was die Ueberlebenden, ihrer gedenkend, besitzen sollen. So verstehen wir, warum das Mädchen das Kästchen mit diesem scheuen und besorgten Ernst darreicht; warum Dienerinnen mit Kästchen so sehr häufig den Abschiedsscenen beigegeben sind.

### 176. Mädchenkopf, Bruchstück eines Grabreliefs.

Marmor. — London.

Abgebildet Transact. of the Royal Society of Literature vol. VII, new series, pl. III. Vergl. Archäol. Zeitung 1864 p. 223* f. Note (Conze). Michaelis Der Parthenon p. 265 d.*

### 177. Grabrelief.

Marmor. — Paris, Louvre.

Abgebildet Lebas Mon. figur. 72. Clarac pl. 224, 269 A. Vergl. Fröhner Les inscript. grecq. (Musée du Louvre 1865) no. 169.

Ein sitzendes Mädchen (Euthylea) reicht einer Frau, vermutlich ihrer Mutter, die Hand zum Abschied. Rechts steht ihr Vater (Diogenes). Oben steht die Inschrift

ΕΥΘΥΛΕΑ ΔΙοΓΕΝοΣ: ΘΥΓΑΤΗΡ

Εὐθύλε(ι)α oder Εὐθυλέα Διογένους θυγάτηρ.

### 178. Grabrelief.

Marmor. — Berlin.

Vergl. Gerhard Verzeichniss der Bildhauerwerke (1858) no. 456.

Eine sitzende Frau, neben deren Stuhl ein Arbeitskorb steht, hat aus dem Kästchen, das ein vor ihr stehendes, die rechte Hand traurig an die Wange legendes Mädchen herbeigebracht hat, eine Binde herausgenommen. (Vergl. 174 und zu 175). Am Boden spielt ein kleiner Knabe mit einem Hündchen.

Das Relief zeigt wie das vorhergehende no. 177 hübsche Motive in geringer Ausführung; es gehört guter griechischer Zeit an.

### 179. (394ᵇ W) Grabrelief.

Marmor. — Grotta ferrata.

Abgebildet Monumenti ed Annali dell' Ist. 1855 Taf. 15. Vergl. ebd. p. 61 (E. Braun).

Ein Jüngling lesend; unter dem Klappstuhl liegt sein Hund. — Wie der architektonische Abschluss zu denken sei, ist weder aus dem Abguss noch aus der Abbildung ohne weiteres klar. Vermutlich war das Gewand an Rücken und Arm auf den Pfeiler, der links wie rechts vorauszusetzen ist, übergreifend. (Vergl. no. 175.)

### 180. (394ᵉ W) Grabrelief.

Marmor. — Rom, Villa Albani.

Vergl. Indic. antiq. della Villa Albani (1803) no. 133.

Mann, Frau und Knabe nebeneinander stehend. Der Ausdruck der Trauer in den Geberden ist unverkennbar. Zur Bewegung der rechten Hand der Frau vergl. no. 169.

### 181. Bruchstück eines Reliefs.

Marmor. — Berlin.

Vergl. Gerhard Verzeichniss der Bildhauerwerke (Berlin 1858) no. 433.

Eine Frau sitzt auf einem Sessel, an welchem ein Greif angebracht ist. Auf der rechten Schulter sind die Finger der rechten Hand einer zweiten verlorenen Figur zu bemerken. Vermutlich von einem Grabrelief.

### 182. Grabrelief.

Marmor. — Athen.

Abgebildet Expéd. de Morée III pl. 18, 2. 3. Vergl. Kekulé Die ant. Bildw. im Theseion no. 53.

Eine sitzende Frau (Nike) reicht einem jugendlichen Manne, vermutlich ihrem Gatten, die Hand zum Abschied. Zwischen beiden ein kleines Mädchen.

Die Inschrift lautet Νίκη Δωσιθέου Θασία χρηστὴ καὶ φιλόστοργε χαῖρε.

Stelen der Art, wie diese hier, waren etwa seit der makedonischen Zeit in Athen üblich.

### 183. Grabrelief.

Marmor. — Berlin.

Vergl. Verzeichniss der Bildhauerwerke (1858) no. 452ᵈ [451ᶜ].

Eine sitzende Frau (Diodora) reicht einem vor ihr stehenden Manne die Hand zum Abschied. Das Relieffeld ist oben durch einen Bogen abgeschlossen. Unten steht die Inschrift ΔΙΟΔΩΡΑ ΧΡΗΣΤΗ
ΧΑΙΡΕ
ΚΑΙ ΣΥ ΓΕ

Dieses Relief und no. 184 sind Beispiele später griechischer Grabstelen von geringem Aufwand und vernachlässigter Arbeit.

### 184. Grabrelief.

Marmor. — Berlin (?)

Eine sitzende Frau (Phila), neben deren Stuhl ein kleines Mädchen mit einem Kästchen steht, reicht einer vor ihr stehenden Frau (Euterpe) die Hand mit unverkennbarem Ausdruck des Schmerzes. Das Relieffeld ist oben durch einen Bogen abgeschlossen. Unten steht die Inschrift

ΦΙΛΑ ΑΠΟΛ ΕΥ ΤΕΡΠΗ
ΛΩΝΙΟΥ ΠΡΩΤΟΓΕΝΟΥ

### 185. (394 W) Grosses Grabrelief.

Marmor. — Rom, Lateran.

Abgebildet Mus. Chiaramonti II, 20. Vergl. Benndorf und Schöne Die ant. Bildw. des lateran. Museums no. 10.

Einer auf einem Stuhle sitzenden Frau reicht ein, mit Helm und Lanze gerüsteter Jüngling die Hand zum Abschied. Hinter ihm steht sein Pferd, vor diesem ein Diener, welcher eine Lanze bereit hält. Oben im Grund links hängen noch Schild und Schwert. — Rechts ein grosser Lorberbaum, in dessen Zweigen ein Vogel sitzt. Um den Baum windet sich eine grosse Todtenschlange (vergl. zu no. 188).

Das Relief, welches sich früher in Palazzo Ruspoli befand, ist ein spätes griechisches Grabrelief aus römischer Zeit. Der Gegenstand ist auf eine der älteren griechischen Sitte verwandte Weise aufgefasst; es ist der Auszug in den Kampf dargestellt, aus dem der Jüngling nicht zurückkehrte.

Die Reliefbehandlung kommt in älteren griechischen Werken dieser Gattung entsprechend nicht vor.

### 186. Relief, sogenanntes Todtenmal.

Marmor. — Athen, Theseion.

Abgebildet Lebas Monum. fig. 52. Vergl. Kekulé die antik. Bildw. im Theseion no. 262. Stephani Der ausruhende Herakl. p. 81 no. 19. Holländer De anaglyph. sepulcral. (Berlin 1865) p. 14 f. Friederichs Bausteine no. 385. Kumanudis Ἀττικῆς ἐπιγραφαὶ ἐπιτύμβιοι p. 24. Revue archéol. 1869 p. 233 ff. 421 ff. (A. Dumont.)

Auf einer Kline ruht ein bärtiger Mann, welcher in der rechten Hand eine Schale hält. Zu seinen Füssen sitzt eine Frau. Hinter dieser steht ein Knabe, der in seiner rechten Hand eine Kanne hält; am Boden ein Krater. Unter der Kline liegt ein Hund. Rechts steht ein bärtiger Mann, der die rechte Hand anbetend zu erheben scheint.

Die Scene dieses und der analogen Reliefs ist vermutlich so aufzufassen, dass der Todte durch die Opfergaben, welche er erhält, als an dem Familienmale theilnehmend gedacht wird.

### 187. Relief, sog. Todtenmal.

Marmor. — Früher in Athen in der Stoa des Hadrian.

Abgebildet Ἐφημ. ἀρχ. 852. Stephani Der ausruhende Herakles Taf. III, 2. (Auch diese Abbildung ist nicht ganz entsprechend.) Vergl. ebd. p. 82 no. 25.

Auf einer Kline ruht ein Mann mit dem Polos auf dem Kopf. Er hält ein Trinkhorn und einen undeutlichen Gegenstand (Schale oder Brod?). Zu seinen Füssen sitzt eine Frau, mit einem Kästchen in der linken Hand. Vor der Kline steht ein Tischchen mit Speisen; rechts neben einem Krater ein Knabe als Mundschenk, der mit der rechten Hand die Kanne hoch erhebt. Von links kommt ein Zug kleinerer Gestalten, deren letzte — ein Mädchen — einen Kasten mit Opfergaben auf dem Kopf trägt.

Durch ein Fenster wird der Kopf eines Pferdes sichtbar. Die Anbringung eines Pferdes wiederholt sich öfter auf dieser Art Reliefs. Man hat dieselbe auf sehr verschiedene Weise zu erklären gesucht; es ist dabei die Vermutung aufgestellt worden, es liege ursprünglich der Gedanke zu Grund, dass das Pferd dem Todten bei seinem Herumschweifen diene. — Vergl. no. 186.

### 188. Relief, sog. Todtenmal.

Marmor. — Berlin.

Vergl. Gerhard Verzeichniss der Bildhauerwerke (1858) no. 440.

Auf der Kline ist ein Mann gelagert. Zu seinen Füssen sitzt eine Frau. Sie hält eine Schale, welcher eine grosse, vom Boden aufsteigende Schlange, über die Schulter des Mannes her, den Kopf nähert. Die Schlange wurde, wie es scheint, mit dem Verstorbenen identisch gedacht und dann typisch zu dessen Bezeichnung und zur Bezeichnung der Grabstätte verwendet. Links zwei kleine Figuren. Das Relief hat gelitten und ist in manchen Einzelheiten nicht deutlich erkennbar. — Vergl. no. 186.

### 189. Relief, sog. Todtenmal.

Marmor. — Berlin (?).

Auf einem Ruhebett ist ein unbärtiger Mann gelagert; er hält eine Schale in der rechten Hand. Bei ihm sitzt eine Frau, welche mit der linken Hand ihr Gewand anfasst. Vor ihr steht ein dreifüssiges Tischchen mit Speisen, welchen eine kleine vom Boden aufsteigende Schlange den Kopf nähert. Links ein Krater; dahinter eine kleine Figur. — Vergl. no. 186. 188.

### 190. Relief.

Marmor. — Berlin.

Abgebildet Lebas Mon. fig. 60. Vergl. Gerhard Verzeichniss der Bildhauerwerke (1858) no. 448.

Ein Jüngling steht neben seinem Pferd; er hält in der Rechten einen nicht ganz deutlichen Gegenstand (wie es scheint eine Schale, doch hat man einen Zweig darin erkennen wollen). Hinter ihm eine Frau; vor ihm in kleinerer Proportion ein Mann, anbetend.

### 191. (386 W) Relief.

Marmor. — Rom, Vatican.

Abgebildet Museo Chiaramonti III, 12.

Reiter vor Altar; dabei anbetende Figur in kleinerer Proportion. — Zum Gegenstand vergl. no. 190. Mus. Worsleiano Taf. 9, 1. Ἐφημ. ἀρχ. 807.

### 192. Relief, Gottheiten der Unterwelt.

Marmor. — Berlin.

Vergl. Gerhard Verzeichniss der Bildhauerwerke (1858) no. 459.

Hermes Enagonios mit Kerykeion und Beutel; Hades bärtig, mit Polos (?) auf dem Kopf, in der linken Hand ein Scepter, die Rechte (mit einem undeutlichen Gegenstand, vielleicht einer Schale) über einen Altar haltend, auf welchem, wie es scheint, Feuer ist; Hekate, kurz gekleidet, mit einer Fackel (?) in der linken Hand, die Rechte mit der Schale über den Altar haltend.

### 193. Votivrelief.

Marmor. — Paris, Louvre (aus Gortys auf Kreta).

Abgebildet Monumenti dell' Istituto IV, 22 A. Clarac pl. 224 A, 36 A. Overbeck Atlas der griech. Kunstmythologie Taf. I, 46. Vergl. Fröhner Notice no. 8. Kekulé Hebe p. 46 no. 3. Overbeck Kunstmythologie II p. 169 f., H.

Zeus hält in der hocherhobenen linken Hand das Scepter, in der Rechten die Schale, welche Hebe zu füllen bereit ist. Es folgt ein jugendlicher Gott oder Heros, welcher nicht mit Sicherheit benannt werden kann; in der Linken hielt er Scepter oder Lanze, welche ebenso wie das Scepter des Zeus vermutlich mit Farbe angegeben war.

### 194. Votiv an Athena.

Marmor. — Paris, Louvre.

Abgebildet Bouillon III basrel. 26, 8. Müller-Wieseler I, 14, 48. O. Iahn De Minervae simulacris antiquissimis (Bonn 1866) Taf. II, 3. Vergl. ebd. p. 15 f. Fröhner Notice de la sculpture no. 486. Kekulé Die Balustrade des Tempels der Athena Nike p. 9.

Auf einem Baumstamme, an welchen ein Schild angelehnt ist und um welchen sich eine grosse Schlange ringelt,
ist ein Pallasbild aufgestellt. Auf der einen Seite ist Nike
herangeschritten; sie hält in der linken Hand ein Aplustre(?);
mit der Rechten füttert sie die Schlange. Auf der andern
Seite ein bärtiger Krieger. — Nach O. Jahn ist der Gegenstand des Votivreliefs ein Opfer an Athena Polias.

### 195. Bruchstück einer vierseitigen Basis.
Marmor. — Athen, Akropolis.

Abgebildet Ἐφημ. 913. Vergl. Archäol. Zeitung 1862 p. 253 (Michaelis) 1867 p. 94 f. (E. Curtius.) Friederichs Bausteine no. 570.

(a) Zwei Niken errichten ein Tropaion. Oben die Reste
einer Inschrift:

/ΟΝΑΙ=
ΣΤΕΦΑΝΩΝ

(b) Nike mit einem Dreifuss. Von einer zweiten Figur
ist fast nur der rechte Arm erhalten.

### 196. Dreiseitige Basis.
Marmor. — Athen.

Abgebildet Annali dell' Ist. 1861 tav. d'agg. G. Vergl. ebd. p. 114 ff.
(Pervanoglu.)

A. Nike mit Kanne.
B. Nike mit Schale.
C. Dionysos mit Thyrsos und Kantharos.

Es ist nicht unwahrscheinlich, dass die Basis dazu bestimmt war, einen in einem Wettkampf gewonnenen Dreifuss
zu tragen. (Vergl. no. 57. 168.)

### 197. Relief von der Seite einer Basis.
Marmor. — Athen, Akropolis.

Abgebildet Beulé l'acropole d'Athènes II, 5. Vergl. ebd. p. 315 ff.
Friederichs Bausteine no. 568. 569.

Ein Zug Männer nach rechts hin schreitend. Darüber
sind die Reste einer Inschrift bemerkbar.

ΝΙΚΗΣΑ . . . . . . . . . . . . . . . ΡΩΙ

Die Basis diente zur Aufstellung eines Weihgeschenks
für einen choragischen Sieg.

### 198. Votivrelief.
Marmor. — Athen.

Abgebildet Annali dell' Ist. 1863 tav. d'agg. L, 3. Vergl. ebd.
p. 292 ff. (Michaelis.) Kekulé Bildw. im Theseion no. 192. Schöne
Griech. Reliefs p. 58. Stephani Compte-rendu pour 1869 p. 65.

Oberhalb der ihm und den Nymphen heiligen Grotte sitzt Pan, mit gekreuzten Beinen, die Syrinx blasend, während seine Ziegenheerde weidet. Das bärtige Haupt zur Linken ist die Andeutung einer Quelle. Die Nymphen werden von Hermes geführt.

Auf dem unteren Rande steht die Inschrift Τηλεφάνης ἀνέθηκε Πανὶ καὶ Νύμφαις.

### 199. Relief, Dioskuren.

Marmor. — Berlin (?).

Zwei Männer mit Pferden, symmetrisch geordnet, rechts und links von einem Altar, auf welchem Feuer erkennbar ist. Nicht vollendete, offenbar als misslungen verworfene Arbeit. Vergl. Bullett. dell' Ist. 1866 p. 7.

### 200. Votivrelief.

Marmor. — Athen.

Abgebildet Expéd. de Morée III pl. 90, 2. Annali 1829 tav. d'agg. C. (Die Abbildungen sind nicht genau.) Vergl. Kekulé Die ant. Bildw. im Theseion no. 284.

Auf dem Altar steht die personificirte Εὐθηνία; auf der neben dem Baum befindlichen Säule steht Artemis (vergl. Pausan. VIII, 13, 2) oder eine der Artemis ähnliche Figur. Neben Altar und Baum erhebt sich, wie es scheint, eine Schlange. Unter den Baumästen steht die Inschrift Τελετή. Auf der Lehne des Stuhls der in grösserer Proportion dargestellten Frau steht die Inschrift Ἐπέκτησις, verschrieben für Ἐπίκτησις.

### 201. (392 W) Votivrelief.

Marmor. — Rom, Vatican (aus Griechenland).

Abgebildet Visconti Pio-Clem. V, 35.

Drei Jünglinge, von denen der eine durch eine Palme als Sieger bezeichnet ist. Links eine Herme, rechts ein Bukranion, vermutlich an einem Altar. Dazwischen am Boden ein Helm und ein Gefäss. Das Beiwerk scheint die Palästra zu bezeichnen.

Am oberen Rande die Namen der dargestellten Jünglinge: . . . . . ους Δημήτριος Μενεσθεύς.

### 202. 203. Votivreliefs an Zeus hypsistos.

Marmor. — Berlin (aus Athen).

Vergl. Gerhard Verzeichniss der Bildhauerwerke (1858) no. 447. 449. Annali dell' Ist. arch. 1843 p. 327 ff. (Ross.) Welcker Felsaltar des Zeus p. 12. Curtius Attische Studien I p. 27. Anc. marbl. in the Brit. Mus. IX p. 185 ff.

(202) Weibliche Brust; mit der Inschrift Εὐτυχία ὑψείστῳ εὐχήν.

(203) Augen; mit der Inschrift Εἰσιδότῃ Διὶ ὑψίστῳ.

### 204. Votivrelief an Poseidon.
Marmor. — London, Brit. Mus. (aus Theben in Thessalien).
Abgebildet Millingen Anc. uned. mon. II, 16, 2. Vergl. ebd. p. 32. C. I. Gr. I, 1769.

Zwei Zöpfe; mit der Inschrift Φιλόμβροτος, Ἀφθόνητος Δεινομάχου Ποσειδῶνι.

### 205. Bruchstück eines Reliefs.
Marmor. — Berlin.
Vergl. Gerhard Verzeichniss der Bildhauerwerke (1858) no. 433 a.

Auf einem Felsen sitzt eine Frau; hinter ihr wird der Rest eines Thieres (Pferdes?) sichtbar; unten ein Hund. — Der bisher nicht aufgehellten Vorstellung ist vielleicht zu vergleichen Millingen Anc. uned. mon. II, 16, 1.

### 206. (148 W) Hera Ludovisi.
Marmor. — Rom, Villa Ludovisi.
Abgebildet Kekulé Hebe Taf. 2. Vergl. ebd. p. 68 ff.

„Was Winckelmann anführt (V, 2, 7), der gebieterische Mund, der herrschende Blick der grossen rundgewölbten Augen (der βοῶπις) reichen nicht aus, den Charakter dieses Bildes zu bestimmen: und was Meyer hinzufügt (Note 319 vergl. Th. V S. 566 f.): 'unvergleichlich gross und erhaben und doch lieblich und über alle Maassen schön' lässt sich nicht aus der beliebten Formel vom hohen Style zur Weichheit und gefälligen Grazie erklären. Mit der Hoheit, die durch die Form der Stephane oder Sphendone auf dem Haupte vermehrt wird, scheint sich ein leiser Ausdruck von Wehmut in den Zügen zu verbinden, wodurch die Göttin uns näher tritt, als verwandt von dieser Seite mit menschlichem Wesen; es ist nicht die Ironie des Denkers, sondern das Gefühl, in welchem die Ahndung des Vergänglichen und Unbefriedigenden in allem Irdischen aufging, aber still sich verschliesst. Oft findet man, dass ein Menschenantlitz bestimmt auf zwei verschiedene Welten hindeutet; und die alte Kunst hat durch nichts so grosses erreicht als durch Gegensätze, die sie bewusst oder unbewusst zur Eintracht zu verschmelzen wusste. In der Hera aber sollte man nicht blos die Himmelskönigin, sondern auch die Göttin der Ehe und Mütterlichkeit erblicken." Welcker.

Ὅσοις ὀφθαλμοὶ μικρὸν ἐγκοιλότεροι, μεγαλόψυχοι· ἀναφέρεται ἐπὶ τοὺς λέοντας. Οἷς δ' ἐπίπεδοι [so ist, wie die entsprechende Stelle des Adamantios lehrt, zu schreiben statt der vulg. ἐπὶ πλεῖον], πραεῖς. ἀναφέρεται ἐπὶ τοὺς βοῦς. Aristot. Physiogn. p. 811 B. ed. Berol. Καὶ τοῖς ἄλλοις δὲ ζώοις... ἐπιφαίνεται τὸ οἰκεῖον εἶδος .... βοῒ σεμνότης, ἀκακία ..... εἰ ἐπίπεδοί εἰσι, βοῶν ὀφθαλμοὺς τοιούτους λέγε. Adamant. p. 371 Fr.

### 207. (149 W) Kopf von einer Statue der Hera.

Marmor. — Rom, Vaticau.

Abgebildet Visconti Pio-Clem. I, 2. E. Braun Kunstmythologie Taf. 25. Müller-Wieseler II, 4, 36.

### 208. Hera Pentini.

Marmor. — Rom, Vaticau.

Abgebildet Mon. dell' Ist. II, 53. Vergl. Annali 1838 p. 20 ff. (W. Abeken.) Kekulé Hebe p. 70 ff.

### 209. Köpfchen der Hebe.

Marmor. — Petersburg.

Abgebildet Kekulé Hebe Taf. I. Vergl. ebd. p. 63. 72 ff.

### 210. Artemis Colonna.

Marmor. — Berlin.

Abgebildet Müller-Wieseler II, 16, 167. Friederichs Praxiteles Titelblatt. Vergl. ebd. p. 99 ff. Gerhard Berlins antike Bildwerke p. 45 no. 32.

„Die Göttin ist dargestellt in mässig eilender, nicht hastiger Bewegung, dadurch treten die schönen Umrisse der Glieder aus dem Gewande hervor. Ihr ganzer Körper ist vornübergeneigt, sie erscheint uns wie schwebend. Das Gewand kräuselt sich bald in zierlichen Falten, bald bewegt es sich in langen tiefgefurchten Linien. Das Köcherband, welches die Brust durchschneidet, veranlasst die anmutigste Verwirrung, tausend kleine Falten umspielen die strengen, doch nicht unreifen Formen des Busens. Der übergeschlagene Chiton reicht bis über den Leib der Göttin; hier bewegen sich schön geschwungene Bogenlinien in reizvollem Contrast mit den lang sich senkenden Falten des Gewandschoosses. So vereinigen sich Anmut und Ernst auch im Gewande." Friederichs.

Die Hände hielten vermutlich Fackeln oder Fackel und Bogen. Der Köcher ist geschlossen, die Göttin also als gnädig und friedlich gedacht. Wie lebhaft die Alten die Symbolik des geöffneten und geschlossenen Köchers empfanden, lehrt Aristaenet I, 10 μηδὲ Ἄρτεμις ἐπὶ σὲ ποιναῖον βέλος ἀφῇ καὶ ἀνέλῃ, μένοι δὲ τὸ πῶμα προσκείμενον τῇ φαρέτρᾳ.

### 211. (73 W) Artemis.
Marmor. — Kassel.

„Stehende Figur der Ceres, durch Ergänzung, indem ihr ein Kranz in die linke Hand gegeben ist: die rechte ist ausgestreckt, ohne Zweifel auch im Widerspruch mit dem Original. Das quer von der rechten Schulter über die Brust laufende Band lässt kaum zweifeln, dass das Bild ursprünglich eine lang bekleidete Diana vorstellte, ähnlich der im Mus. Pio-Clem. I, 29". Welcker. Vgl. no. 210.

### 212. Torso eines Jünglings.
Marmor. — London, British Museum (aus Athen).

Abgebildet Anc. marbl. in the Brit. Mus. IX, 2. 3. Müller-Wieseler I, 35, 145. Vergl. Friederichs Bausteine no. 447.

Vielleicht ein sehr jugendlicher Apoll.

### 213. (19 W) Apollon Sauroktonos.
Bronze. — Rom, Villa Albani.

Vergl. Welcker Alte Denkm. I p. 408 ff. Friederichs Bausteine no. 445.

Nachbildung eines berühmten Werkes des Praxiteles.

### 214. (18 W) Apollino.
Marmor. — Florenz.

Abgebildet Galleria di Firenze Statue III, 154. 157. Müller-Wieseler II, 11, 126. Vergl. Friederichs Bausteine no. 446.

### 215. Eros.
Marmor. — Rom, Vatican.

Abgebildet Visconti Pio-Clem. I, 12. Bouillon I, 152. Müller-Wieseler I, 35, 144. Vergl. Berichte der sächs. Gesellsch. der Wissensch. 1866 p. 155 ff. (Stark.) Friederichs Bausteine no. 448.

### 216. (117 W) Kopf des Dionysos.
Marmor. — Rom, Capitol.

Abgebildet Bouillon I, 70. 2. Müller-Wieseler II, 33, 375. Vergl. Friederichs Bausteine no. 628.

„Bacchus, mit bacchischem Diadem und Efeukranz, von Winckelmann Leukothea, gewöhnlich Ariadne genannt, so auch von Zoega in den Basreliefen (Taf. 41 Note 32). Die richtige Erklärung giebt nach Hirt Meyer in den Noten zu Winckelmanns Werken IV p. 308. 435 und schon in den Propyläen II, 1, 63 wo er diesen Kopf mit Zuversicht in die Zeit Alexanders setzt. Die Nasenspitze, die Unterlippe und ein Theil der obern sind schlecht ergänzt.

Die seltene Schönheit und vollkommene Ausführung dieses Bildes preisen alle Erklärer mit Recht; aber sie schweigen von der Andeutung der Stierhörner, die es dem Künstler gefallen hat mit dem jungfräulichen Ausdruck des Gottes zu vereinigen, während Ovidius (Metam. IV, 20) die wechselnde Erscheinung ausdrückt: *tibi cum sine cornibus adstas virgineum caput est.* Visconti, welcher doch selbst im Mus. Pio-Clem. VI, 6 einen ähnlichen, nur nicht so weiblich schönen Bacchus tauriformis erklärt, und dabei noch einen andern anführt, hat sich, wie es scheint, durch die Schönheit des unsrigen blenden lassen, dass er bei ihm ebenfalls nur an Ariadne dachte. Das Verhältniss der Dichter und der Kunst in dieser Hinsicht berührt Lessing im Laokoon VIII S. 95 f. Das worin beide, sowohl aus Ernst als in freiem dichterischen Spiele, zu dem religiös mystischen sich halten, ist nicht mit wenigen allgemeinen Regeln und Beobachtungen zu erschöpfen: von den symbolreicheren Bildern der Tempel und Heiligtümer zu den einfachsten Bildungen sind der Abstufungen zu viele und verschiedene, als dass man einschränkenden Vorurteilen schnell sein dürfte nachzugeben." Welcker.

„Das mannigfaltige und die grössere Verschiedenheit des Ausdrucks that der Harmonie und dem erhabenen in dem schönen Stil keinen Eintrag: die Seele äusserte sich nur wie unter einer stillen Fläche des Wassers und trat niemals mit Ungestüm hervor. In Vorstellung des Leidens bleibt die grösste Pein verschlossen, wie im Laokoon, und die Freude schwebt wie eine sanfte Luft die kaum die Blätter rührt, auf dem Gesichte einer Leukothea im Capitol." Winckelmann.

### 217. (118 W) Kopf von einer Statue des Dionysos.
Marmor. — Paris, Louvre.

Abgebildet Bouillon I, 31. Clarac pl. 272, 1570. Müller-Wieseler II, 31, 352. Vergl. Fröhner Notice no. 217.

### 218. Kopf des Dionysos (?).
Marmor. — Rom (?).

### 219. (24 W) Statue des Dionysos (?).
Marmor. — Tegel.

Abgebildet Clarac pl. 690 B, 1600 B. Vergl. Friederichs Bausteine no. 628.

### 220. (26 W) Satyr, angelehnt in Ruhe.
Marmor. — Rom, Capitol.

Abgebildet Mus. Capitol. III, 32. Müller-Wieseler I, 35, 143. Vergl. Visconti Pio-Clem. II, 30. Stark Archäol. Studien (Wetzlar 1852) p. 18 ff. Friederichs Praxiteles p. 12 ff. Benndorf und Schöne Die antik. Bildw. im Lateran. Mus. no. 150 p. 405 f. Brunn Beschreibung der Glyptothek no. 105.

Früher gewöhnlich als $\pi\varepsilon\varrho\iota\beta\acute{o}\eta\tau o\varsigma$ des Praxiteles bezeichnet.

„Dreissig antike Copien zählte schon Winckelmann auf; von keiner andern Statue giebt es so viele, fast in jeder Sammlung finden sich eine oder die andere.
..... Diese häufigen Wiederholungen lassen, ausser der Berühmtheit und Trefflichkeit des Originals einen äusseren Umstand und Anlass vermuten, der kein anderer gewesen sein dürfte, als dass man Satyrn an Brunnen aufstellte (ein Beispiel giebt unter den Platonischen Epigrammen no. 15), wo zu der Musik des Wassergeriesels ihr Blasen sich zu gesellen schien. So wurden sie auch als einsam flötend in freier Natur, am Rande einer Quelle gemalt (Philostr. imag. I 21) und kommen an Quellen tanzend oder spielend mit den Nymphen, die da ganz eigentlich zu Hause sind, bei den Dichtern vor. Der Stil der Arbeit stimmt überein mit dem das Apollon Sauroktonos, so weit der verschiedene Charakter des Gottes und des Satyr zulässt. Diese Bemerkung Viscontis, Meyers (zu Winckelmann VI, 2 p. 142) und J. M. Wagners (Kunstbl. 1830 S. 245) hat mehr Gewicht als die (Hagen de Herc. laboribus p. 3), dass die Satyrn am Friese des Denkmals des Lysikrates, aus der Zeit des Praxiteles, keine Aehnlichkeit mit dem unsrigen haben. Denn ohne Zweifel wussten die Künstler jener Zeit, wie die tragischen Dichter, in den einen Satyrcharakter nach den Situationen grosse Mannigfaltigkeit zu legen." Welcker.

### 220ᵃ. (128 W) **Kopf und Brust eines Satyrs.**
Replik von no. 220.

### 221. (27 W) **Satyrknabe, Flöte blasend.**
Marmor. — Paris, Louvre.
Abgebildet Bouillon I, 53. Müller-Wieseler II, 39, 460. Vergl. Fröhner Notice no. 262. Friederichs Bausteine no. 650. Archäol. Zeitung 1869 Taf. 23, 2. 3 p. 97 (J. Friedländer).

### 222. (25 W) **Silen mit dem Bacchuskind.**
Marmor. — Paris, Louvre.
Abgebildet Bouillon I, 54. Clarac Musée de sculpt. pl. 333, 1556. Müller-Wieseler II, 35, 406. Vergl. Fröhner Notice no. 250. Annali dell' Ist. 1863 p. 391, 1 (E. Petersen). Brunn Beschreibung der Glyptothek no. 114.

„Aus Villa Borghese, eines der schätzbarsten Meisterstücke, wovon auch mehrere, doch weit unvollkommnere Wiederholungen vorkommen. Die Beine werden für die vollkommensten der alten Bildhauerei gehalten. Der Alte sowohl als das Kind sind mit Efeu bekränzt. Erhaltene Statuen auf kurze und unbestimmte Erwähnungen der Schriftsteller zurück zu führen, ist oft etwas sehr müssiges: indessen in Bezug auf die gegenwärtige dürfte die Vermutung zulässig sein, dass sie bei Plinius 36, 4, 8 zu verstehen sei, wo er unter vier Satyrn unbekannter Meister in der *schola Octaviae* den einen so bezeichnet: *ploratum infantis cohibet*. Zwar lächelt das Kind dem Blick und der freundlichen Miene des Wärters und scheint ihm mit dem erhobenen linken Händchen zu schmeicheln; aber sehr gut kann man bei dieser Art das Kind anzublicken und überhaupt es zu halten sagen, dass es der Alte schweige, und so lässt sich der Ausdruck des Plinius verstehn als allgemeiner oder unbestimmter gebraucht, nicht als ob in dem Augenblick das Kind weinte. Unter den Satyrn durfte er den Silen in der Kürze mitbegreifen, da alte Satyrn und Silene unzähligemal verwechselt werden und kaum zu unterscheiden sind. Spräche er genauer, so würde er auch das Kind nicht unbestimmt gelassen haben: aber gewiss ist nicht wahrscheinlich, dass er nur vom Kind so obenhin gesprochen hätte, wenn er nicht ein natürliches Kind, sondern einen Satyrbuben, wie wir sie in Marmorwerken finden, an den Ohren und sonst kenntlich genug, vor Augen hatte. Daraus aber folgt, dass auch der Wärter nicht eigentlich Satyr genannt werden darf, indem nur Silen das Bacchuskind hält." Welcker.

„In der ganzen Gruppe herrscht der Ausdruck ruhigsten Behagens und innerer Befriedigung, der auch äusserlich durch die vollendete Harmonie aller Linien unterstützt wird. Dass auch die Alten diesen Zauber empfanden, lehren mehrere Wiederholungen dieser Gruppe, die auf ein berühmtes Original zurückweisen, wenn es auch nicht gestattet ist, dasselbe in dem von Plinius angeführten Satyr eines unbekannten Meisters zu erkennen: *qui ploratum infantis cohibet*." Brunn.

### 223. (1 W) Niobe mit der jüngsten Tochter.
Marmor. — Florenz.

Abgebildet Müller-Wieseler I, 33, a. Stark Niobe und die Niobiden Taf. X. Vergl. ebd. p. 225 ff. Friederichs Bausteine no. 412. O. Jahn Aus der Altertumswissenschaft p. 188 ff.

### 223ᵃ. (9 W) Kopf der jüngsten Tochter der Niobe.

### 224. Tochter der Niobe.
Marmor. — Florenz.

Abgebildet Müller-Wieseler, I, 33, 1. Stark Taf. XV, 7. Vergl. p. 265 ff.

### 225. Tochter der Niobe.
Marmor. — Rom, Vatican.

Abgebildet Mus. Chiaramonti II, 17. Stark Taf. XII. Vergl. p. 265 ff.

Dieselbe Figur wie no. 224, in einem anderen Exemplar von weit besserer Arbeit.

### 226. (2 W) Pädagog mit dem jüngsten Sohne der Niobe.
Marmor. — Paris, Louvre (aus Soissons).
Abgebildet Stark Taf. XVI, 9. 10ᵃ. Vergl. p. 236 ff.

### 227. Sohn der Niobe, seine Schwester schützend.
Marmor. — Rom, Vatican.
Abgebildet Clarac pl. 808, 2038. Vergl. Stark p. 305 ff.

### 228. Sohn der Niobe.
Marmor Florenz.
Abgebildet Clarac pl. 582, 1256. Vergl. Stark p. 241 ff. 305 ff.

Vollständigere Replik des Niobiden in dem Fragment der Gruppe no. 227.

### 229. (7 W) Büste von der Statue einer Niobide.
Marmor. - Florenz.
Abgebildet Müller-Wieseler I, 33, h. Stark Taf. XV, 8. Vergl. p. 264 f.

### 230. Kopf von der Statue einer Niobide.
Marmor. — Florenz.
Abgebildet Müller-Wieseler I, 33, d. Stark XIII, 1. Vergl. p. 272 ff.

### 231. Büste von der Statue eines Niobiden.
Marmor. — Florenz.
Abgebildet Müller-Wieseler I, 33, e. Stark Taf. XVII, 11. Vergl. p. 250 ff.

### 232. (5 W) Kopf von der Statue eines Niobiden.
Marmor. — Florenz.
Abgebildet Müller-Wieseler I, 33, m. Stark Taf. XIV, 4. Vergl. p. 242 f.

### 233. Relief.
Marmor. — Petersburg.
Abgebildet Stark Niobe Taf. III, 1. Vergl. ebd. p. 165 ff.

Tod der Niobiden.

### 234. Bruchstück eines Reliefs.
Marmor. — Rom, Villa Albani.
Abgebildet Zoega Bassiril. II, 104. Stark Niobe Taf. III, 3. Vergl. ebd. p. 173 ff.

Söhne der Niobe von Artemis erlegt. Der fliehende Jüngling links und der grösste Theil des liegenden gehören moderner Restauration an. — Das Relief, dem dieses Bruchstück angehörte und no. 233 gehen beide auf dasselbe vorzügliche Original zurück, eines davon, vielleicht beide, auswählend und variirend.

### 235. (322 f W) Relief.

Marmor. — Rom, Lateran.

Abgebildet Winckelmann Mon. ined. 150. Garrucci Mon. del Mus. Lateran. 46, 3. Vergl. Benndorf und Schöne Die ant. Bildw. des Lateran. Mus. no. 469.

Orestes ist rücklings niedergesunken; Pylades unterstützt ihn im Rücken mit seinem linken Knie und fasst ihn mit beiden Händen unter den Armen. Das Original hat an beiden Seiten der Fläche einen erhobenen Rand.

### 236. (37 W) Flehender Knabe.

Marmor. — München, Glyptothek.

Abgebildet Lützow Münchener Antiken Taf. 15—17. Müller-Wieseler I, 34, E. Vergl. Brunn Beschreibung der Glyptothek no. 142. Berichte der sächs. Gesellsch. der Wissensch. 1863 p. 1 ff. (Overbeck.) Stark Niobe p. 255 ff. Friederichs Bausteine p. 239. Archäol. Zeitung 1869 p. 45 (Curtius).

Berühmt unter dem Namen Ilioneus. Von den vielen Deutungen, welche bisher versucht worden sind, ist keine schlagend. Kopf und Arme sind modern.

### 237. (15[b] W) Ganymed vom Adler in die Luft getragen.

Marmor. — Venedig.

Abgebildet Clarac pl. 407, 702. Valentinelli Catalogo del museo della Marciana tav. XXV. Vergl. ebd. p. 92 ff. no. 148. O. Jahn Archäol. Beiträge p. 23.

Die Gruppe war aller Wahrscheinlichkeit nach nicht frei in der Luft schwebend, sondern ähnlich wie hier der Abguss, an einem Hintergrund angebracht.

### 238. Statuette einer Mänade.

Marmor. — England (?).

Abgebildet Archäol. Zeitung 1849 Taf. I. II, 4. 5. Vergl. ebd. p. 1 ff. (Gerhard.) Stark Niobe p. 297 ff. Friederichs Bausteine no. 439.

Die Löwen- oder Pantertatze, welche am Gewand bemerkt wird, ist vermutlich der Rest einer mit einem Fell überhängten Stütze.

### 239. Relief, Mänade.

Marmor. — London, British Museum.

Abgebildet Anc. marbl. X, 35. Vergl. Friederichs Bausteine no. 639.

### 240. (363 W) Relief, Mänade.

Marmor. — Paris.

Abgebildet Bouillon III basr. 10, 1. Clarac pl. 135, 135. Vergl. Fröhner Notice no. 293. Friederichs Bausteine no. 640.

### 241. (387 W) Relief.

Marmor. — Paris, Louvre.

Abgebildet Monumenti scelti Borghes. tav. XXV. Bouillon II, 96. Clarac pl. 163, 259.

„Fünf Tänzerinnen vor einem korinthischen Tempel, welche von Rafael und Poussin nachgeahmt worden sind." Welcker.

### 242. (388 W) Relief.

Marmor. — Rom, Vatican (?).

„Eine Tänzerin von dem Ende einer Platte, übereinstimmend mit der zweiten Figur der vorhergehenden Tafel, aber schöner." Welcker.

### 243. (351. 352 W) Relief.

Marmor. — Rom, Vatican.

Abgebildet Mus. Chiaram. I, 44. Vergl. Friederichs Bausteine no. 636. 637.

Bruchstück eines Zuges tanzender Figuren. Einer Tänzerin folgt ein Tänzer. Von einer dritten weiblichen Figur ist nur der (hier im Abguss nicht vorhandene) rechte Unterarm erhalten, der eine Kanne ausgiesst.

### 244. (16 W) Fragment einer männlichen Statue.

Marmor. — Paris, Louvre (aus Delos).

Abgebildet Bouillon III bust. pl. 2. Clarac pl. 750, 1820. Vergl. Fröhner Notice no. 448. Friederichs Bausteine no. 454.

Gewöhnlich Inopos genannt.

### 245. Relief.

Marmor. — Athen, Stoa des Hadrian.

Von links nach rechts bewegt sich ein Zug von Dämonen des Meers: voran ein Triton; er bläst auf einer Muschel und hält ein Ruder in der linken; auf seinem Körper scheint die zunächst folgende Gestalt einer Nereide zu sitzen, welche einen flachen Korb mit Früchten trägt. Es folgt ein Seehirsch, von Eros gezügelt; dann — in der Mitte des Zuges — auf einem mächtigen Seepferd, das ein Triton führt, eine Frau mit wehendem Gewand. Sie wendet den Kopf zurück nach den ihr folgenden Figuren: Eros der einen Seelöwen zügelt und peitscht, Triton der Gefäss und Ruder hält.

### 246. (126 W) Kopf eines Meerdämon.

Marmor. — Paris, Louvre.

Abgebildet Bouillon I, 72. Clarac pl. 1097, 2810d. Visconti Opere varie IV, 18, 1. Vergl. ebd. p. 115 f. Fröhner Notice no. 437.

„Jugendlicher Seegott, kenntlich durch die von einem Seefisch hergenommene Kopfbedeckung, woran man Kiemen und Flossen unterscheidet, von Visconti Palämon oder Melikertes genannt." Welcker.

### 247. Herme eines Wasserdämon.

Marmor. — Rom, Vatican.

Abgebildet Bouillon I, 65. Visconti Pio-Clem. VI, 5. Millin Gal. myth. I, 79 no. 299. Vergl. Friederichs Bausteine no. 727.

### 248. (135 W) Menelaos.

Marmor. — Rom.

Abgebildet Annali dell' Ist. 1870 tav. d'agg. CD, 1. EF, 1. Vergl. ebd. p. 75 ff. (Donner.) Visconti Pio-Clem. VI zu Taf. 18. 19. Opere varie I p. 172 ff. Urlichs Die Gruppe des Pasquino (Bonn 1867). Friederichs Bausteine no. 430. 431.

Unter dem Namen Pasquino berühmte Figur einer unvollständig erhaltenen Gruppe, von welcher auch andere Repliken in Bruchstücken erhalten sind (vergl. no. 249—251). Sie stellte einen bärtigen Helden dar, wie er einen zum Tod getroffenen jugendlichen Genossen, den er bisher getragen hat, auf den Boden herabgleiten lässt, um ihn gegen die andrängenden Feinde wieder mit dem Schwerte womöglich noch zu vertheidigen.

Die beiden Helden sind bald Aias und Achill, bald Menelaos und Patroklos genannt worden und sowohl Aias mit dem gefallenen Achill wie Menelaos mit Patroklos hat, wie vorhandene Monumente verschiedener Art lehren, die antike Kunst dargestellt. Aber keine der sicher zu benennenden Darstellungen stimmt genau mit unserer Gruppe überein. Man hat angeführt, der gewaltige Charakter des älteren Helden sei nur für Aias, nicht für Menelaos passend. Aber bei unserer bisher sehr geringen Kenntniss der Heroendarstellungen der alten Kunst, kann ein solcher Grund gegenüber äusseren Merkmalen schwerlich Geltung beanspruchen. Solche sind hier vorhanden. Alle Repliken in denen dieser Theil erhalten ist zeigen an dem Leichnam eine Wunde im Rumpf, oberhalb des Leibs bei den Rippen. Eine Replik zeigt eine Wunde am Rücken zwischen den Schulterblättern. Da diese beiden Wunden aber diejenigen sind, welche in der Ilias Patroklos von Euphorbos und Hektor empfängt, so ist der gefallene Held für Patroklos, der ihn tragende für Menelaos zu halten. Dass im übrigen die homerische Schilderung keinen Moment enthält, welcher dem Motiv der Gruppe genau entspricht, ist nur natürlich. Der Künstler hat in der aus nur zwei Personen bestehenden, nur einen einzigen Moment darstellenden Gruppe den langen, schwierigen Kampf, den die Ilias schildert, auf seine Weise zusammengedrängt und plastisch vollendet ausgedrückt.

### 249. (135 W) Kopf des Menelaos.

Marmor. — Rom, Vatican.

Abgebildet Visconti Mus. Pio-Clem. VI, 18. Bouillon II, 68, 3.

Vergl. no. 248.

### 250. (52 W) Füsse nebst Theilen der Beine des Patroklos.

Marmor. — Rom, Vatican.

Abgebildet Visconti Mus. Pio-Clem. VI, 19. Annali dell' Ist. 1870 tav. d'agg. B, 1.

Vergl. no. 248.

### 251. Menelaos.

Marmor. — Würzburg.

Abgebildet Urlichs Ueber die Gruppe des Pasquin Taf. I, 1. 2. 3. Annali dell' Ist. 1870 tav. d'agg. A, 2. Vergl. ebd. p. 75 ff. (Donner.)

Kleine, etwas veränderte Replik des Pasquin. Vergl. no. 248. 252.

### 252. Menelaos mit der Leiche des Patroklos.

Abgebildet Urlichs Ueber die Gruppe des Pasquin Taf. IV. Annali dell' Ist. 1870 tav. d'agg. A, 1.

Skizze einer Restauration der Gruppe, nach Massgabe des kleinen Torsos in Würzburg (no. 251), von Ed. von der Launitz.

### 253. (137 W) Kopf des Paris.
Marmor. — Paris, Louvre.

Abgebildet Bouillon III bustes pl. 3. Clarac pl. 1097, 2904 E. Vergl. Fröhner Notice no. 41.

### 253ª. (138 W) Kopf des Paris (?).

### 254. (131 W) Maske des Farnesischen Herakles.
Marmor. — Neapel, Museo nazionale.

Abgebildet Mus. Borbon. III, 23. Müller-Wieseler I, 38, 152. Monum. dell' Ist. VIII, 54. 55. Vergl. Stephani Der ausruhende Herakles (Petersburg 1854) p. 162 f. Friederichs Bausteine no. 675.

### 254ᵃᵇᶜ. Hand und Füsse des Farnesischen Herakles.
Vergl. no. 254.

### 255. Kopf des Herakles.
Marmor. — Basel.

Abgebildet Mon. dell' Ist. VIII, 54. 55. Vergl. Annali 1868 p. 336 ff. (Helbig.)

Vergl. no. 254.

### 256. (132ᵇ W) Maske des Herakles.

„Im Badnischen gefunden. Der Kopf mit der Löwenhaut über der Stirne; im übrigen geht der Typus auf den Farnesischen Hercules zurück; nur ist unruhig gespannte Kraft ausgedrückt und der Charakter niedriger." Welcker.

### 257. (132 W) Kopf des jugendlichen Herakles.
Marmor. — Paris, Louvre.

Abgebildet Bouillon II, 67, 1. Clarac pl. 1084, 2810 A.

### 258. (136 W) Kopf eines Heros.
Marmor. — Rom, Vatican (?).

Einer der gewöhnlich Diomedes genannten Köpfe.

### 259. Kopf des Odysseus.
Marmor. — Rom, Vatican.

Abgebildet Annali dell' Ist. 1863 tav. d'agg. O, 1. Vergl. ebd. p. 423 ff. (Brunn.)

### 260. (383 W) Relief.
Marmor. — Paris, Louvre.

Abgebildet Bouillon III basrel. pl. 23. Clarac pl. 223, 250. Vergl. Friederichs Bausteine no. 776.

Odysseus befragt in der Unterwelt den Schatten des Tiresias.

### 261. (379ᵇ W) Relief, Daedalos und Ikaros.

Marmor. — Russland.

Vergl. Zoega Bassiril. I, 44. Friederichs Bausteine no. 761.

### 262. (66 W) Venus von Milo.

Marmor. — Paris, Louvre.

Abgebildet Millingen Anc. uned. monum. II, 6. Bouillon I, 11. Müller-Wieseler II, 25, 270. Fröhner Notice no. 136. Lützows Zeitschr. für bild. Kunst V p. 353 f. (Wittig und Lützow.) Revue des deux mondes 1871 September p. 192 ff. (Ravaisson).

In den antiken Monumenten kommen Aphrodite und Nike in entsprechender Stellung einen Schild haltend vor; auch ist dieselbe Stellung zu einer Gruppirung der Aphrodite mit Ares verwendet worden. Auf beide Arten hat man sich das Motiv der melischen Statue zu deuten gesucht, und dafür, dass die Göttin alleinstehend, und als Siegeszeichen einen Schild haltend zu denken sei, überwiegende Gründe angeführt.

Eine ganz andere Restauration ist vor einiger Zeit (von Fröhner) für gesichert erklärt worden. Zugleich mit der Statue wurden verschiedene Bruchstücke gefunden, darunter ein Stück eines linken Oberarms und ein Stück einer linken Hand, welche in den geschlossenen Fingern einen Apfel hält. Nach den Untersuchungen und dem Restaurationsversuch des Hrn. Claudius Tarral soll es unzweifelhaft sein, dass diese beiden Stücke zur Statue gehören, die demnach in der hocherhobenen geschlossenen linken Hand einen Apfel halte, mit der rechten gesenkten Hand ihr Gewand fasse, damit es nicht herabgleite.

So bestimmt diese Behauptung auftritt und so misslich es an sich sein mag, ein Urteil zu fällen, ohne die beiden Fragmente im Original zu kennen und die Arbeit des Hrn. Tarral prüfen zu können, so widerspricht doch dieses für unzweifelhaft ausgegebene Motiv so sehr dem offenkundigen Charakter der Statue — auch überhaupt der Gewohnheit der antiken Kunst, zumal in derjenigen Epoche, welcher man nicht umhin können wird, die Statue zuzuschreiben — dass es gestattet sein mag, zu zweifeln und diesen Zweifel zu begründen.

Wenn man einen Apfel mit der linken Hand hoch erhebt, so kann dies nur den Sinn haben, dass man ihn zeigen will; es ist dies ein etwas theatralischer, der älteren griechischen Kunst nicht sehr angemessener, aber an sich wohl verständlicher Gestus. Aber schwer verständlich ist es, dass alsdann der Apfel in der fest geschlossenen Hand ruhe. Diese Art den Apfel zu halten führt darauf, dass der Arm, welchem die Hand angehört, gesenkt und gebogen, d. h. der Oberarm gesenkt, der Unterarm erhoben, der Apfel selbst nicht ein theatralisch erhobenes, sondern mehr beiläufig angebrachtes

Attribut war. Bei einem so geringfügigen Fragment ist es kaum möglich, mit völliger Sicherheit über Proportion und Arbeit zu urteilen. Doch scheint der Rest der Hand im Verhältniss zur Statue vielleicht etwas klein und die Arbeit, so weit sie sich erkennen lässt, nicht von der Meisterschaft, welche die Figur auszeichnet. Nur an dem Original selbst würden sich aus der Sorte des Marmors und der Art der Verwitterung Schlüsse ziehen lassen. Doch möchten auch diese nur negativ zwingend sein, d. h. wenn sich das Fragment als nicht zugehörig erweist; im entgegengesetzten Falle aber schwerlich mehr als die Möglichkeit der Zugehörigkeit erweisen können. Jedesfalls haben frühere Beobachter diese halbe Hand für nicht zugehörig gehalten, und auch nach Tarrals Versuch spricht sich ein, wie es scheint, sehr sorgfältiger und feiner Beobachter, Ravaisson, in Betreff der Hand wie des Oberarms sehr zweifelnd aus (.... *en supposant, ce que rien ne prouve, que ces débris aient appartenu jamais à la Vénus de Milo....*). In der That wird man das Stück eines linken Oberarms, welches frühere Zeichnungen an die Statue anfügen, nicht ohne guten Grund bei Seite gelassen haben. Auch bei einer solchen Frage wird man nicht vergessen dürfen, dass der Theil eines Ganzen ausserhalb des Zusammenhanges eine andere Wirkung hervorbringt, als an der Stelle, für die er bestimmt ist. Aber wenigstens dasjenige Stück eines linken Oberarmes, welches in dem hiesigen Museum vorhanden und als Abguss jenes fraglichen Fragmentes bezeichnet ist, scheint sich durch leblose hölzerne Arbeit von der lebensvollen frischen Behandlung der Statue so auffällig zu unterscheiden, dass man es sich schwer als zugehörig denken kann.

Es war deshalb, wenn man einmal von der Voraussetzung ausging, die beiden Fragmente müssten in irgend einem Zusammenhang mit der Statue stehen, durchaus logisch, an eine spätere Restauration derselben zu denken. Aber zu jener Voraussetzung selbst, und damit der darauf gebauten künstlichen Annahme fehlt es an genügenden Anhaltspunkten. Die Berichte über die Auffindung der Statue stellen ausser Frage, dass die unzweifelhaft zusammengehörigen Stücke, aus welchen die Statue zusammengesetzt ist, unter einem ganzen Haufen der allerverschiedenartigsten Sculpturfragmente gefunden wurden, zu denen, bei bald darauf angestellten Nachforschungen, noch einige Fragmente von Inschriften kamen. Unter jenen Sculpturfragmenten waren die meisten der Art, dass überhaupt niemand auf den Gedanken kommen konnte, sie gehörten zur Statue. Dass bereits einer der ersten, welche die Statue sahen (Dumont d'Urville), die Ansicht hatte, sie habe mit der linken Hand einen Apfel gehalten, mit der Rechten das Gewand, ist für die Beurteilung der Streitfrage deshalb gleichgültig, weil er selbst zufügt, dass beide Hände von der Figur getrennt seien. Diese hier erwähnte rechte Hand scheint, da sie von Fröhner nicht aufgezählt wird, verloren zu sein; dass sie eben so wie die linke Hand und das Stück linker Oberarm von geringerer Arbeit sei als die Statue behauptete Emeric David. Es ist begreiflich, dass die ersten Beschauer sich aus den vielen Fragmenten diejenigen auslasen, mit deren Hülfe sie glaubten sich die Statue in Gedanken restauriren zu können. Aber eben die Masse und die ganz verschiedenartige Beschaffenheit der Fragmente lehrt, dass die Thatsache des gemeinsamen Fundorts an sich schlechterdings keinen Grund für die Zusammengehörigkeit abgeben kann. Es ist zu bedauern, dass die andern Bruchstücke aus demselben Fund nicht gleichfalls nach Paris gekommen sind. Es würde dann das Sachverhältniss von Anfang an klarer geworden sein.

Noch ein Fragment, und zwar dasjenige einer Inschrift, hat man öfter für zugehörig halten wollen. Dieses Fragment mit Inschrift ist im Louvre bis jetzt nicht wieder aufgefunden worden. Die Vorstellung von demselben beruht daher auf der Zeichnung des Zeichners Debay und den Angaben Claracs. Debay gibt die Inschrift folgender maassen

— ΑΝΔΡΟΣ...ΗΝΙΔΟΥ
ΙΟΧΕΥΣΑΠΟΜΑΙΑΝΔΡΟΥ
ΕΠΟΙΗΣΕΝ

in Buchstabenformen, welche mit der Zeitbestimmung, auf welche der Charakter des Werkes an sich führen würde, keineswegs übereinstimmen. Aber es ist schwer begreiflich, wie man dieses Inschriftfragment ernsthaft für die Zeitbestimmung der Statue hat verwenden wollen. Clarac gibt an, dass dieses Fragment aus anderem Marmor sei als die Basis. Er wusste sich den Umstand, dass sich dasselbe nach seinen Maassen mit der Basis zusammensetzen lasse, nur durch die Voraussetzung zu erklären, dass es bei einer späteren Restauration der Statue verwendet worden sei; dabei werde man die alte Inschrift erneuert haben. An eine ursprüngliche Zusammengehörigkeit zweier Basistheile aus verschiedenem Marmor konnte weder Clarac selbst denken, noch hätte man dies später thun sollen. Claracs Hypothese wird durch die Zeichnung Debay's und die Stelle, welche alsdann die Inschrift einnehmen würde, keineswegs unterstützt. Ein sicheres Urteil über die Beschaffenheit jenes Fragments wird erst möglich sein, wenn es wieder aufgefunden werden sollte. Aber soviel ist bereits jetzt klar, dass schon der aus der Inschrift gefolgerte Zeitansatz der Statue nach der Gründung von Antiochia am Mäander auf einer an sich wenig wahrscheinlichen, unerwiesenen Hypothese beruht. Und auch wenn diese Hypothese richtig wäre, würde doch aus den Formen der Buchstaben ein Schluss auf die Formen der Buchstaben der ursprünglichen Inschrift, und demnach auf eine engere Zeitbestimmung der Statue selbst nicht zulässig sein.

Man hat erst neuerdings bemerkt, dass bei der ersten Aufrichtung der Statue in Paris ein Fehler begangen worden ist. Sie stand bisher nicht richtig im Lot, sondern war zuviel nach vorn und zuviel nach ihrer rechten Seite geneigt.

*„. . . . la draperie qui enveloppe par derrière le pied droit porte des traces évidentes d'un travail moderne qui l'a rendue plus maigre en la terminant sur le sol par un bord régulier, mince et plat; c'est par un bord semblable qu'en restaurant en plâtre le pied gauche on a terminé sur ce pied le pli qui devait le couvrir. Aux deux endroits, on croit reconnaître l'ouvrage de la même main. Cette main se trahit encore dans la moitié inférieure de la jambe gauche, où il semble que des plis de draperie qui devaient de cette jambe aller au pied droit ont été en partie effacés, de manière à ménager en quelque sorte la transition de la largeur d'exécution du haut de la draperie à la maigreur de la terminaison qu'on lui donnait sur le pied gauche".* Ravaisson.

### 262ᵃᵇ. Fragmente einer linken Hand und eines linken Arms.

An derselben Stelle wie die melische Aphrodite gefunden. Vergl. no. 262.

### 263. Venus von Capua.

Marmor. — Neapel, Museo nazionale.

Abgebildet Millingen Anc. uned. mon. II, 4. 5. Müller-Wieseler II, 25, 268. Vergl. Friederichs Bausteine no. 582. Berichte der sächs. Gesellsch. der Wissenschaften 1862 p. 120 ff. (O. Jahn.)

Aphrodite mit den Waffen des Ares (vgl. Apollon. Rhod. I, 742); mit beiden Händen hielt sie den Schild, auf den sie wie in einen Spiegel sah; der linke Fuss tritt auf den Helm. An dem Original ist auf dieser Seite die Basis, auch in ihrem antiken Theile, so viel länger, dass man annehmen muss, es sei darauf noch irgend etwas befindlich gewesen. Es ist an sich nicht unwahrscheinlich — und eine in Korinth geprägte Münze der Plautilla (Vaillant Numism. imperat. in coloniis percussa II p. 74) befestigt diese Vermutung — dass hier ein kleiner Eros stand. Er fasste vermutlich auch seinerseits den Schild mit den beiden erhobenen Händen an.

Wenn die Ergänzung der Aphrodite von Melos völlig sicher wäre, so würde die Vergleichung noch deutlicher lehren, wie ein ernsthaftes Motiv zum tändelnden umgestaltet wird. Aber auch so lässt die Haltung und der Charakter der Formen das Verhältniss der beiden Statuen nicht zweifelhaft. Dem ernsthafteren Motiv entsprechen die grossartigen frischen Formen der melischen Statue, dem mehr spielenden der von Capua eine anziehende feine Eleganz ohne die gesunde Fülle und einfache Grösse des älteren Vorbildes.

„Es ist ein bemerkenswerter Zug der späteren Kunst, namentlich der Kaiserzeit, dass sie mit dem ungeheuren Vorrat künstlerischer Ideen und Motive, welche während der griechischen Blütezeit Form und Gestalt gewonnen hatten, wie mit einem von den Vätern überkommenen Erbe schaltend, nicht mit blosser Nachahmung und Wiederholung derselben sich begnügte, sondern theils in der Behandlung der Formen die herrschende Geschmacksrichtung auf das Anmutige und Feine berücksichtigte, was mancherlei Modificationen des Ueberlieferten bedingte, theils durch Umbildung und Ausbildung des ursprünglichen Motivs — und jedes echte künstlerische Motiv ist seiner Natur nach ein reicher Entwickelung fähiger Keim — auch eine neue Wendung des Gedankens, wenn auch nicht einen neuen eigentümlichen Inhalt auszudrücken strebte. Namentlich geschah dies dadurch, dass man entweder Figuren aus ihrem ursprünglichen Zusammenhang loslöste und selbständig machte oder mit andern in neue Verbindung brachte, oder auch ursprünglich selbständige Figuren mit anderen gruppirte, und es ist nicht zu leugnen, dass durch dies Verfahren, das in der römischen Poesie seine leicht erkennbaren Analogien hat, manche durch Form und Gedanken anziehende Leistung hervorgerufen worden ist." O. Jahn.

### 264. Kopf der Aphrodite.

Marmor. — Paris, Louvre.

Abgebildet Bouillon I, 68, 1. Clarac pl. 1105, 2794 A. Müller-Wieseler I, 35, 146[d]. Vergl. Fröhner Notice no. 164.

Die ganze Büste vom Hals abwärts ist moderne Restauration.

### 264[a]. (157[b] W) Kopf der Aphrodite.

Marmor. — Arles.

Vergl. Stark Städteleben Kunst und Altertum in Südfrankreich. p. 79. Friederichs Bausteine no 584.

### 265. (385[d] W) Bruchstück eines Reliefs.

Marmor. — Venedig.

Abgebildet Valentinelli Marmi scolpiti della Marciana Taf. 48 Archäol. Zeitung 1866 Taf. 214. Vergl. ebd. p. 217 ff. (O. Jahn. Schöne Griech. Reliefs Taf. X, 56 p. 30 f.

Scene eines Kampfs bei Schiffen. Nach der Vermutung von R. Schöne, welche durch die Gleichheit der Maasse bestätigt wird, ist dieses Reliefbruchstück mit einem längeren Fragment in Brescia zusammengehörig. Es ist demnach eine Scene aus einer Schlacht zwischen Griechen und Persern; man hat beispielsweise an die Schlacht von Salamis gedacht. — Ein mit zwei Figuren des Reliefs genau übereinstimmendes Bruchstück befindet sich in Athen, in der Sammlung der archäologischen Gesellschaft. Dies führt auf die Vermutung, dass die Composition ursprünglich in Attika verwendet war, und man könnte sich denken, dass ein derartiges Relief z. B. an der Skeuothek des Philon als Fries verwendet worden sei.

### 266. Apoxyomenos.

Marmor. — Rom, Vatican.

Abgebildet Mon. dell' Ist. V, 13. Vergl. Brunn Künstlergeschichte I p. 372 ff. Welcker Alte Denkm. V p. 78 f. Friederichs Bausteine no. 499. Küppers Der Apoxyomenos des Lysipp (Bonner Gymnasialprogramm 1869.) Kekulé Die Gruppe des Künstlers Menelaos p. 34 ff.

Ein Jüngling reinigt sich mit dem Schabeisen vom Staube der Palästra. Die Finger der rechten Hand mit dem kleinen Würfel sind modern; sie waren einfach in der einer ruhig vorgestreckten Hand eigentümlichen Haltung. Am rechten Bein ist der Rest einer Stütze, die zu dem rechten Arm in die Höhe ging; sie ist erst nach der Auffindung entfernt worden.

Die Statue ist die Marmorcopie eines Bronzeoriginals von Lysippos, welches unter dem Namen des Apoxyomenos im Altertum berühmt war.

In der That muss diese Statue, welche von Künstlern häufig allen andern Werken der römischen Museen vorgezogen wird, unsere Vorstellung von der Grösse des Lysippos auf das höchste steigern. Einen Theil der wunderbaren Wirkung der Statue hat Welcker mit den folgenden Worten zu umfassen versucht: „Das wichtigste und woran sich auch die Meisterschaft der Nachbildung aus der Kaiserzeit erprobt, ist das dem geübteren Auge fühlbare, durch Worte nicht zu erklärende Geheimniss der Kunst. Wenn jenes Kunstgeheimniss grosser Meister in dem dargestellten Moment einer bewegten Handlung zugleich den nächstfolgenden, den Uebergang aus dem einen in den andern gleichsam voraussehen zu lassen, sich nicht mit Worten aufschliessen und erklären lässt — anders als etwa durch Allgemeinheiten, wie höchste Lebendigkeit, Wahrheit, Natur —; so ist es ebenso überraschend und wunderbar, einer Figur in ruhigem Stande die Agilität, die in ihr liegt, anzusehen, nicht blos den natürlichen Formen beobachtend nachzugehen, sondern auch das Leben, die Kraft und Kunst, welche die Gymnastik ihnen verliehen hat, ausgedrückt zu sehen, die man, wie die Seele in diesem schönen Körper, lebendig regsam zu fühlen glaubt."

Die Kunst beginnt mit dem zwiefachen Ringen, die Vorstellungen, die sie aussprechen möchte, in Formen zu fassen, und diese Formen, für welche ein anderes Vorbild nicht vorhanden ist, der Natur treu nachzubilden und dadurch verständlich zu machen. In dem Ringen um Kenntniss und Herrschaft über die Form erwacht und wächst die Empfindung und Freude an ihrer Schönheit und steigert sich zu dem feurigen Enthusiasmus für Schönheit und Leben der sinnlichen Erscheinung, welche keinem grossen Meister jemals gefehlt hat. Der älteren griechischen Kunst war es wohl gelungen, die Kraft wie die Zierlichkeit, welche die menschliche Gestalt und ihre Bewegungen darbieten, auszusprechen; die vollendete Harmonie ihrer Verhältnisse hat erst Polyklet, die vollkommene Schönheit Phidias dargeboten; den unendlichen Reiz der Erscheinung in der momentanen Bewegung einer ganzen Gestalt hat zuerst Myron erfasst und in seinen Meisterwerken festgehalten. In dem Satyr mögen wir noch ein, wenn auch siegreiches Kämpfen mit den Mitteln des Ausdrucks vermuten: in dem Diskobolen ist kein Kampf mehr zu spüren, nur vollendete Meisterschaft, die jede Schwierigkeit spielend löst. Aber die Aufgabe, die menschliche Gestalt in ihrer Schönheit darzustellen, wird niemals erschöpft.

Eine weniger strenge und verschlossene Schönheit, ein individuelleres Empfinden, die reichste und feinste, geistigste Durchbildung aller einzelnen Formen hat Lysipp erstrebt und erreicht; und wenn Myron seine Gestalten in einem einzigen Moment der raschesten und angestrengtesten Bewegung zu erfassen wusste, hat Lysipp in dem Apoxyomenos einer einfachen, ruhigen Stellung den Schein einer lebendigen, gelinde wechselnden Bewegung verliehen. — Keine religiösen Vorstellungen kommen hier der Wirkung zu Hülfe; der Zucht der Palästra mögen wir uns erinnern und glauben, dass der Jüngling, dessen schlanke und reine Formen sichere und gewandte Kraft verraten, dessen schönes Antlitz so bescheiden vor sich hinsieht, von edlem Stamme, von freier und gerechter Gesinnung sei, dass er, in ehrlichem Wettkampf seine Genossen zu besiegen gewohnt, auch jetzt, ehe er zu Ruhe schritt, den Sieg errungen hat. Aber dem grossen Meister hat es, um uns dies alles aus seinem Werke herauslesen zu lassen, genügt, den Jüngling in der alltäglichsten Beschäftigung darzustellen, wie er sich vom Staube und Schweisse reinigt. So hat Phidias, der ideale Künstler des olympischen Zeus und der Parthenos, es nicht verschmäht, auf dem Fries des Parthenon attische Jünglinge darzustellen, wie sie ihre Gewänder und Sandalen anlegen und befestigen. So haben die gewaltigsten Meister aller Zeiten ihr Auge mit Liebe und Freude auch auf dem alltäglichen ruhen lassen, und durch die Kraft und Reinheit ihrer Kunst auch dem alltäglichsten und einfachsten Gültigkeit verliehen.

Auch ein wenig geübter Beschauer wird den Unterschied der Proportionen des Apoxyomenos und derjenigen des Polykletischen Doryphoros oder anderer älterer Werke — die sich auch durch die Vergleichung genauer Messungen begründen lässt — sofort bemerken. Der Apoxyomenos ist schlanker, der Kopf von geringerer Grösse, die Beine sind etwas länger, im Verhältniss zu der ganzen Gestalt; und die grössere Schlankheit wird durch die Anordnung der Stellung und die Art des Vortrags der Formen noch wirksamer.

Die Veränderung des Geschmackes wird auch im Einzelnen durch die Vergleichung der Köpfe des Doryphoros und Apoxyomenos leicht erkannt werden. An dem Doryphoros ist das Haar einfach und die Form des Schädels wenig verbergend angegeben; die Stirne ist von ruhigen, fast leblosen Formen, das Untergesicht stark entwickelt. In dem lysippischen Kopfe ist das geistige Leben stärker fühlbar. Die schön getheilte, lebensvolle Stirn dominirt nicht gewaltsam, aber sie tritt nicht mehr neben den übrigen Elementen zurück. Die feinen, reich und schön gegliederten Formen des Gesichtes, welche sich harmonisch zu einem Ganzen vereinigen, sind bekrönt durch das frei modellirte Haar, welches, den Formen des Schädels nachfolgend, dennoch von selbständiger Schönheit ist. Zu der rein plastischen Wirkung des Doryphoroskopfes tritt eine plastisch-malerische, ein immer neues reizvolles Spiel von Licht und Schatten, das von den plastischen Formen unabhängig scheinen könnte, während es eine Folge der feinen Modellirung ist.

### 267. (140 W) Männlicher Kopf.

Marmor. — London, British Museum.

Abgebildet Spec. of anc. sculpt. II, 18. Vergl. Stark Niobe p. 244 f.

Berühmt unter dem Namen des Fagan'schen Fechters. Der Kopf steht in der Mitte zwischen den Lysippischen und den Niobidenköpfen.

### 268. (36 W) Der betende Knabe.

Bronze. — Berlin.

Abgebildet Levezow De iuvenis ador. signo (Berlin 1808). Clarac pl. 777, 1942. Vergl. Friederichs Ueber den betenden Knaben. (Erlanger Programm 1857). Berlins antike Bildwerke II p. 377 ff. Archäol. Zeitung 1865 p. 121* ff.

"Eine solche Statue setzt eine bestimmte Veranlassung im Leben voraus, und so hören wir denn auch, dass unter den Siegerstatuen Olympias sich mehrere in betender Stellung befanden. Zu dieser Gattung von Statuen gehört auch, wie wir glauben, die unserige, und dass der Knabe betend dargestellt ist, soll seine Frömmigkeit, dass er von der Gottheit, nicht von sich den Sieg hoffte, charakterisiren." Friederichs.

Die schöne Statue gehört, wie die Proportionen und die Auffassung der Formen lehren, in die Schule des Lysipp. Es ist deshalb sehr wohl möglich, dass sie mit dem berühmten *adorans*, welchen Plinius als Werk des Boedas, eines Schülers des Lysipp, anführt, identisch ist. — Zum bittenden Gestus der Hände vergl. Pseudo-Plutarch περὶ ἀσκήσεως Rhein. Mus. N. F. XXVII. (1872) p. 15.

### 269. (14 W) Ringer.
Marmor. — Florenz.

Abgebildet Gal. di Firenze IV, 3, 121. Müller-Wieseler I, 36, 149. Vergl. Stark Niobe p. 259 ff. Friederichs Bausteine no. 682.

Die Köpfe sind nicht zugehörig; die Unterschenkel und zum Theil die Arme modern.

### 270. (40 W) Knäbchen mit der Gans.
Marmor. — Rom, Capitol.

Abgebildet Bouillon II, 30, 1. Clarac pl. 293, 2226. Vergl. Berichte der sächs. Gesellsch. der Wissensch. 1848 p. 48 ff. (O. Jahn.) Archäol. Zeitung 1862 p. 240 (Bücheler. Michaelis). 1863 p. 87 (Stein). Overbeck Schriftquellen no. 1597. Rhein. Mus. N. F. XIX (1864) p. 606 (Bergk).

Nachbildung eines berühmten Werkes des Boethos.

### 271. (23 W) Torso eines schreitenden Knaben.
Marmor. — Tegel.

### 272. Statuette eines Knäbchens.
Bronze. — Früher im Besitz der Frau Mertens-Schaaffhausen.

### 273. (81 W) Mädchen, mit Astragalen spielend.
Marmor. — Berlin.

Abgebildet Bouillon II, 30, 2. Clarac pl. 578, 1249. Vergl. Gerhard Berlins ant. Bildw. p. 58 no. 59.

"Astragalenspielerin (Sprungbeine statt Fangsteinchen), in Berlin, auch von Winckelmann erwähnt (VI, 268). Unter fünf oder sechs Wiederholungen soll diese die vorzüglichste sein. Das Gesicht ist Porträt. Werke von der liebenswürdigen Art wie dies Kind, der Dornauszieher, das Kind mit der Gans, athmen schon seit der blühendsten Zeit der griechischen Kunst den Geist der Idylle." Welcker. — Für früher und schöner erklärt Welcker (Bullettino dell' Ist. 1843 p. 60 f.)

ein Exemplar aus Tyndaris, das sich dann bei dem Architekten Cucciniello in Neapel befand: abgeb. Serradifalco Antichità di Sicilia V p. 52. Panofka Merkwürdige Marmorwerke Abh. der Berl. Akad. 1857 Taf. III. IV. V.

### 274. (80 W) Mädchen, zur Quelle herabschreitend.

Marmor. — Tegel.

Vergl. Friederichs Baust. no. 685. W. v. Humboldt Werke III p. 400.

### 275. 276. (108. 109 W) Köpfe von den Colossalstatuen der Dioskuren.

Marmor. — Rom, Monte Cavallo.

Abgebildet Maffei Raccolta 11—13. Clarac pl. 812 A, 2043. Vergl. Kunstblatt 1822 p. 401 ff. 412 f. (Docen.) 1824 p. 369 ff. (J. M. Wagner.) Canova Conghiettura sopra l'aggruppamento de' colossi di Monte Cavallo (Rom 1802). Vivenzio Lettera sopra i colossi del Quirinale (Rom 1809). Kuglers Museum für bildende Kunst 1836 p. 41 ff. (Tiek.) O. Müller Handb. § 414, 5 p. 406. Annali dell' Ist. 1842 p. 194 ff. (Fogelberg.) Berichte der sächs. Gesellsch. 1858 p. 115 f. (O. Jahn.) Rhein. Mus. N. F. XIV (1859) p. 601 ff. (Urlichs.) Friederichs Bausteine no. 104. 105.

Auf den Postamenten stehen die modernen, auf falscher Tradition beruhenden Inschriften *opus Phidiae* und *opus Praxitelis*. Die Colosse sind in römischer Zeit ausgeführt; die zu Grunde liegenden Originale können nicht wohl früher als Lysipp fallen.

„... Canova erzählt ... in seinem Schriftchen, wie sehr er bei seiner Ankunft in Rom durch diese beiden Werke überrascht worden, wie sein Erstaunen immer nur gestiegen und wie es ihm klar geworden sei, dass diese Statuen mehr als alle anderen die wahren Vorschriften geben könnten um die allgemeinen Formen des Menschen wohl zu verstehen, wesshalb er lange Zeit früh morgens sie von jeder Seite gezeichnet habe. Thorwaldsen dachte und sprach nicht weniger gross von den Colossen, auch hatte er von dem des Phidias eine Copie im kleinen gemacht. Eine ähnliche Auffassung mit dem Begriffe von der Kunst des Phidias nahe zusammentreffend, wurde seitdem immer mehr und blieb lange Zeit herrschend unter den namhaftesten Bildhauern aller Nationen. Ich erinnere mich, dass der Würtemberger Schweickle, dem nachher ein gelungenes Werk, ein Amor, die Stelle eines Akademiedirectors in Neapel verschafft hat, erzählte, wie die Colosse, nachdem er in Paris nach den von Choiseul Gouffier dorthin gebrachten Stücken vom Parthenon den Stil des Phidias studirt hatte, ihn als Ausflüsse desselben Geistes mächtig ergriffen hätten. Dass wir nach Bekanntwerdung der Statuen vom Parthenon die Unterschiede zwischen jenen und diesen, nicht blos in der Ausführung, kennen gelernt haben, ist ein nicht geringer Fortschritt. Indessen wird der Fortschritt der Erkenntniss im Verhältniss zu den früher gethanen Schritten leicht augenblicklich überschätzt; und es ist daher zu vermuten, dass künftig auch wieder mehr gefühlt und anerkannt werden wird, wie noch viel grösser und bedeutender das ist, was die Colosse über die eigentlich römischen, ja über die allermeisten nachperikleischen Werke erhebt . . . . Eine Composition wie die in den Colossen ist eben so wohl ein griechisches Werk als irgend eine der Versformen, welche die Römer von den Griechen entlehnten; und der in diese Composition gelegte ideale und erhabene Charakter ist den Gedanken eines griechischen Verses zu vergleichen, welcher, in neue römische Worte übertragen, darum nicht aufhört, echt griechisch zu sein. Wenn man sagt, der Stil der Colosse sei nicht der der parthenonischen Werke, sondern der der Kaiserzeiten, so versteht man nur diejenigen Formen der Oberfläche, die mit einer Uebersetzung Aehnlichkeit haben und mehr dem meisterlichen Handwerk angehören, worauf wir nicht den Künstler, nicht den Stil einschränken wollen. Durch Erfindung, Anschauung, Idee aber ist die Kunst nicht über ihrer Zeit, noch über ihrer Nation und deren allgemeinem poetischen Vermögen; und der Abstand der Zeit, welche, was in den Colossen das wesentliche, die Seele ist, erfinden konnte, von der, welche durch meisterhafte Porträtfiguren, älteren Mustern mit sinnreicher Modification nachgeformte Flussgötter und andere Götterstatuen, durch einen Ueberfluss geschickter Sculpturen noch ausgezeichnet genug ist, lässt eigentlich nie sich ganz ermessen. Zu verwundern ist, dass man, um das Verhältniss der Colosse von Monte Cavallo zu ihren mutmasslichen Originalen zu verdeutlichen, niemals auf die der Capitoltreppe Rücksicht genommen hat, die eher für römische Werke gelten können. Wenn sie auch nicht aus dem sinkenden Zeitalter der Kunst herrühren, wie Docen (S. 402) angiebt, so sind sie doch unvergleichbar weniger vorzüglich als die andern, und Meyer (zu Winckelmann VI, 2 S. 43) scheint noch viel zu günstig von ihnen zu urteilen . . . . . . . . Ein noch immer streitiger Punkt ist . . . der über die richtige Aufstellung der Colosse. Wie sie zuerst aufgestellt waren, ist unbekannt: vermutlich aber einander gegenüber vor einem Eingang. Einleuchtend ist, dass man sie nicht Pferdebändiger nennen sollte, welches Wort mehr im eigentlichen und im engeren Sinn verstanden wird, als $\dot{\iota}\pi\pi\acute{o}\delta\alpha\mu o\varsigma$; denn die Pferde sind, wie Vivenzio und Wagner erinnern, nicht unbändig, sondern lebhaft, feurig, und bäumen sich nicht anders, wie jedes junge Pferd Sprünge macht, wenn man es an der Hand führt, wodurch anmutige Lebhaftigkeit in die bewegte Gruppe kommt. Canova glaubte, dass sie nicht von vorn gesehen werden müssten, weil sie vom Hauptpunkt beider Gruppen betrachtet in einer unglücklichen Verkürzung erscheinen, sondern von der rechten Seite, wo sie ihm höchst schön im allgemeinen und einzelnen sich darstellten. So entsteht, wie er dafür hält, ein einfacheres und grossartigeres Ganzes, eine wohlgefällige Pyramidalgruppe. Gavin Hamilton und andere Künstler und Kenner, darunter auch Meyer, fanden diese Vermutung treffend. Vivenzio wollte die Pferde, indem das des minder gewaltigen Dioskuren feuriger und edler sei, als das des vorgezogenen von Phidias, vertauschen, übrigens sie ebenfalls der Länge nach gegen ihre Führer stellen: Symmetrie oder das Pyramidalische werde durch diese Aufstellung gewinnen. Wagner zieht die jetzige (geschmacklose) Aufstellung (seit 1815) der von Canova vorgeschlagenen noch vor; und nimmt dagegen mit Vivenzio die Versetzung der Pferde als nötig an. Diese sind im Verhältniss kleiner als die Götter, während wir freilich auf Vasen den Stier, den Löwen, den Kentaur im natürlichen Maass zu Theseus und Herakles gezeichnet finden. Diesen in allgemeinen Convenienzen gegründeten, nicht seltenen Umstand durch die Aufstellung aufheben zu wollen, ist ein grober Missverstand von Vivenzio . . . ." Welcker. — Fogelberg dachte sich die ursprüngliche Aufstellung so, dass die Colosse vorn an einem Eingange sich gegenüber stehen, und zwar jeder Dioskur mit seinem Pferd einen rechten Winkel bildend; die Pferde innerhalb des Thorweges, die Dioskuren aussen.

„Was jene warzenförmigen Erhöhungen anbelangt, welche an dem einen dieser Colosse zu bemerken sind, so können dieselben noch keineswegs zu dem Schlusse berechtigen, dass diese Bildsäule unvollendet geblieben. Denn eben diese Bildsäule ist trotz diesen Erhöhungen oder stehen gebliebenen Punkten in allen ihren Theilen vollkommen ausgearbeitet, und nicht im geringsten vernachlässigt. Selbst die Glättung (*lustratura*), welche man den marmornen Bildsäulen sonst nur zuletzt zu geben pflegt, ist an den Stellen, welche durch hervorstehende Theile gegen den Regen geschützt waren und folglich weniger als andere durch die Witterung gelitten haben, noch deutlich zu bemerken, wie z. B. am Halse, unter dem Kinne, zwischen den Schenkeln und an mehreren anderen. . . . . . . . Dass die Alten bei der Ausarbeitung ihrer plastischen Bildwerke sich ebenfalls der Punkte bedient haben, lässt sich aus mehreren Beispielen erweisen . . . . . . . . Wie es scheint, so liessen die Alten manchesmal geflissentlich einige dieser Punkte, um mittelst derselben immer noch nachmessen zu können, im Falle solches nötig wäre, welche Punkte sodann aus Zufall oder Vergessenheit zuweilen blieben, wie solches auch hier bei der Bildsäule des Castor zu vermuten.

Am wahrscheinlichsten scheint es mir, dass man diese drei Punkte absichtlich bis zu ihrer Zusammenstellung mit den Pferden stehen gelassen, um vermittelst derselben nach dem Modell den Abstand berechnen zu können, in welchen die Figuren von den Pferden zu stehen kämen, wie man solches in ähnlichen Fällen noch heutiges Tags zu thun pflegt." J. M. Wagner.

### 277. (110 W) Maske des Zeus von Otricoli.

Marmor. — Rom, Vatican.

Abgebildet Visconti Pio-Clem. VI, 1. Bouillon I, 65, 2. E. Braun Kunstmythologie 7. 8. Overbeck Atlas der Kunstmythologie Taf. II, 1. 2. Müller-Wieseler II, 1, 1. Vergl. Overbeck Kunstmythologie (Zeus) p. 74 f. Berichte der sächs. Gesellsch. der Wissenschaften 1866 p. 172 ff. (Overbeck.)

Aristotel. Physiogn. p. 809b ed. Berol. . . . . φαίνεται τῶν ζώων ἁπάντων λέων τελεώτατα μετειληφέναι τῆς τοῦ ἄῤῥενος ἰδέας. ἔστι γὰρ ἔχων . . . . μέτωπον τετράγωνον ἐκ μέσου ὑποκοιλότερον· πρὸς δὲ τὰς ὀφρῦς καὶ τὴν ῥῖνα ὑπὸ τοῦ μετώπου οἷον νέφος ἐπανεστηκός. ἄνωθεν δὲ τοῦ μετώπου κατὰ τὴν ῥῖνα ἔχει τρίχας ἐκκλινεῖς, οἷον ἀνάσιλλον.

Früher fälschlich als treues Abbild des Phidiasschen Zeus betrachtet, während der Kopf eine neue, nachlysippische Durchbildung des Zeustypus darbietet.

### 278. (112 W) Kopf des Zeus.

Marmor. — Paris, Louvre.

Abgebildet Bouillon III bust. 1, 2. Clarac pl. 1089, 2716ᵃ. Vergl. Fröhner Notice no. 37.

### 279. (113 W) Zeus Serapis.

Marmor. — Rom, Vatican.

Abgebildet Visconti Pio-Clem. VI, 15. Bouillon I, 66, 2. Overbeck Atlas der Kunstmythologie Taf. III, 8. Vergl. Overbeck Kunstmyth. (Zeus) p. 306 f.

„Mit dem Fruchtmaasse, wodurch er mit dem unterirdischen Gott als Pluton oder Dis zusammentrifft, wovon aber nur der Boden antik erhalten und mit abgeformt ist; jedoch sind Löcher im Strophium zu den üblichen sieben Sonnenstralen. Das Haar erinnert an einen Schleier, und auch das Gewand ist bezeichnend für den unterirdischen Gott. Die erhabene Gesichtsbildung ist von den ältern Bildern herabgeerbt." Welcker.

### 280. (114 W) Zeus Serapis.

Marmor. — Berlin.

Vergl. Gerhard Berlins ant. Bildw. p. 60 no. 62ᵃ. Overbeck Kunstmyth. (Zeus) p. 309 no. 9.

### 281. (111 W) Maske eines dem Zeus ähnlichen Gottes vielleicht Asklepios (?).

Marmor. — London, British Museum (aus Melos).

Abgebildet Expédition de Morée III pl. 29. Overbeck Atlas der Kunstmythologie II, 11. 12. Müller-Wieseler II, 60, 763. Vergl. Overbeck Kunstmythologie (Zeus) p. 88 ff. no. 23.

Der Kopf ist meist Asklepios, neuerdings schwerlich mit Recht wieder Zeus genannt worden. Der Typus ist mit dem des Zeus verwandt und durch Modification desselben entstanden. Man wird wol nur an Asklepios oder eine dem Asklepios, vielleicht auch eine dem Hades verwandte Form des Zeus denken dürfen.

### 282. (125 W) Kopf, von einer Statue des Asklepios.

Marmor. — Paris, Louvre.

Abgebildet Bouillon I, 48. Müller-Wieseler II, 60, 768. Vergl. Fröhner Notice no. 401.

... πρόσωπον δέ σοι θεασαμένῳ δουλοῦται τὴν αἴσθησιν. οὐ γὰρ εἰς κάλλος ἐπίθετον ἐσχημάτισται, ἀλλὰ πάναγνον καὶ ἵλεων ἀνακινῶν ὄμμα βάθος ἄφατον ὑπαστράπτει σεμνότητος αἰδοῖ μιγείσης .... Callistrat. stat. 10.

### 283. Asklepios und Telesphoros.

Marmor. — Paris, Louvre.

Abgebildet Bouillon III stat. 11. Clarac pl. 294, 1164. Müller-Wieseler II, 61, 790. Vergl. Fröhner Notice no. 400.

### 284. (347ᵇ W) Relief, Asklepios und Hygia.

Marmor. — Paris, Louvre.

Abgebildet Bouillon III basr. pl. 9, 2. Clarac pl. 177, 61. Vergl. Fröhner Notice no. 405.

Die Gestalt des Asklepios ist fast völlig ergänzt, die der Hygia auch theilweise.

### 285. Poseidon.

Marmor. — Rom, Vatican.

Abgebildet (sehr ungenügend) Visconti Mus. Chiaram. 24. Pistolesi Il Vaticano descritto IV, 55. Braun Kunstmyth. Taf. 16. Vergl. Kekulé Hebe p. 60.

### 286. Linker Arm einer Colossalstatue.

Bronze. — Rom, Vatican.

Vergl. E. Braun Ruinen und Museen Roms p. 805. Friederichs Bausteine no. 729.

Man vermutet, dass dieser Arm von einer Statue des Poseidon herrühre.

### 287. Herme, Hephästos.

Marmor. — Rom, Vatican.

Abgebildet Mon. dell' Ist. VI, 81. Vergl. Annali 1863 p. 421 ff. (Brunn).

### 288. Obertheil einer Statue des Hermes.

Marmor. — Athen (aus Andros).

Abgebildet Ἐφημερὶς ἀρχαιολογική 915. Vergl. Kekulé Die ant. Bildw. im Theseion. no. 368.

### 289. (139 W) Kopf einer Statue des Hermes (sog. Antinous).

Marmor. — Rom, Vatican.

Abgebildet Visconti Pio-Clem. I, 7. E. Braun Kunstmythologie 90. Müller-Wieseler II, 28, 305. Vergl. Friederichs Bausteine no. 441.

„Der Kopf ist unstreitig einer der schönsten Köpfe aus dem Altertum .... ein Bild der Grazie holder Jugend mit gefälliger Unschuld und sanfter Reizung gepaart..." Winckelmann.

### 289 a.b. (56. 57 W) Füsse von derselben Statue.

### 290. (20 W) Hermes.

Bronze. — Neapel, Museo nazionale.

Abgebildet Antichità di Ercolano VI, 29—32. Mus. Borbon. III, 41. 42. Braun Kunstmyth. 89. Müller-Wieseler II, 28, 309. Vergl. Friederichs Bausteine no. 844.

### 291. Kopf des Hermes.

Marmor. — London, British Museum.

Abgebildet Anc. marbl. in the Brit. Mus. II, 21. Müller-Wieseler II, 28, 303.

### 292. Kopf des Hermes.

### 293. (123 W) Kopf des Hermes.

Marmor, London, Sammlung Landsdown.

Abgebildet Spec. of anc. sculpt. I, 51. E. Braun Kunstmythologie 88. Müller-Wieseler II, 28, 304.

### 293ᵃ. (124 W) Kopf des Hermes.

Aehnlich wie an der Statue Müller-Wieseler II, 29, 322.

### 294. Kopf des Hypnos.

Bronze, London, British Museum.

Abgebildet Mon. dell' Ist. VIII, 59. Vergl. Annali 1868 p. 351 ff. (Brunn).

### 295. (121ᵇ W) Jugendlich männlicher Kopf mit Flügeln.
Marmor. — Berlin.

Abgebildet E. Braun Kunstvorstellungen des geflügelten Dionysos Taf. II. III. IV A. Müller-Wieseler II, 33, 387. Vergl. Gerhard Verzeichniss der Bildhauerwerke no. 113. Welcker Kleine Schriften V, p. 202 ff. Abhandl. der Berliner Akademie 1857 p. 171 (Panofka).

Von E. Braun für Dionysos Psilax erklärt.

### 295ᵃ (121 W) Männlicher bärtiger Kopf.
Marmor. — Rom, Vatican.

Abgebildet Mus. Chiarmonti I, 33.

Früher für Platon, dann für Dionysos gehalten. Vergl. no. 153—155.

### 296. (17 W) Apollon vom Belvedere.
Marmor. — Rom, Vatican.

Abgebildet Bouillon I, 17. Vergl. Stephani Apollon Boedromios (Petersburg 1860). Mélanges gréco-rom. (Petersburg 1861) Parerga archaeol. no. 25 p. 365 ff. (Stephani. Preller.) Archäol. Zeitung 1863 p. 66 ff. 1869 p. 31. (O. Jahn). Welcker Kl. Schrift. VI p. 213 ff. O. Jahn Aus der Altertumswissensch. p. 267 ff. Verhandl. der Philologenvers. zu Würzburg 1868 p. 90 ff. (Brunn).

Eine in Haltung und Bewegung entsprechende Bronzestatuette im Besitz des Grafen Stroganoff in Petersburg hält in der linken Hand den Rest einer Aegis. Danach pflegt man die Statue aus der Scene der Ilias zu erklären, in der Apollon mit der Aegis des Zeus die Griechen zurückschreckt und man glaubt, dass den historischen Anlass zu dieser Darstellung die delphische Tempellegende gegeben habe, nach der Apollon die Kelten von seinem Heiligtum durch seine Erscheinung und mit Sturm und Gewitter zurückgeschreckt hatte.

### 297. Kopf des Apollon.
Marmor. — Basel.

Abgebildet auf unserer Taf. I. Vergl. Mon. dell' Ist. VIII, 39. 40. O. Jahn Aus der Altertumswissenschaft Taf. 5, 2.

Vergl. Anhang.

### 298. (115 W) Kopf des Apollon.
Marmor. — London, British Museum.

Abgebildet Panofka Musée Pourtalès pl. 14. Müller-Wieseler II, 11, 123. Vergl. die Anmerk. zu Winckelmann IV p. 297 f.

Nach früheren Besitzern Apoll Giustiniani oder Pourtalès genannt.

### 299. Artemis von Versailles.

Marmor. — Paris, Louvre.

Abgebildet Bouillon I, 20. E. Braun Vorschule zur Kunstmythologie Taf. 52. Müller-Wieseler II, 15, 156. Vergl. Fröhner Notice no. 98. Bullettino dell' Ist. 1868 p. 115 (Helbig). Sephani Compterendu pour 1868 p. 25.

„Der Charakter und Vorzug dieses Werks bestehn in der Raschheit und Lebhaftigkeit der Bewegung oder Handlung; es ist ein idealisches Bild, ein Symbol von dem unaufhaltsamen Vordringen des eifrigen Jägers und seinem Haschen des Augenblicks im Fluge. Im eifrigen Schritt ergreift die Göttin den Pfeil im Köcher; noch ist der Bogen in der linken tief, als wie im Laufe, gehalten, und noch sieht sie sich um, als ob sie zugleich im Erlegen des Wildes vor ihr, schon nach einem andern spähte für den zweiten Schuss. Aber eben wird der Bogen sich heben und dem hervorgelangten Pfeil in der andern Hand begegnen. So ist auch hier die geschickte Vereinigung mehrfacher Thätigkeit und Bewegung das Mittel kräftiger Wirkung. Der Ausdruck des Gesichtes ist ernst, die Stirne hoch und streng, nicht Zorn, sondern Eifer belebt den Blick. Die Raschheit der Schritte anschaulicher zu machen dient die Hirschkuh, welche in vollem Lauf unter der linken Hand der Göttin vorbeifliegt, zugleich ein passendes Beiwerk . . . . Unstreitig ist dieses Bild ganz im Geiste des vaticanischen Apoll gedacht; der gewählte Augenblick hat etwas entsprechendes; auch in den Verhältnissen und der Behandlung fehlt es an Uebereinstimmung nicht, besonders gleichen die ungemein schönen Beine und Füsse sehr denen des Apollo." Welcker.

Claudian (de raptu Proserp. II, 27):

*At Triviae lenis species et multus in ore*
*frater erat, Phoebique genas et lumina Phoebi*
*esse putes, solusque dabat discrimina sexus.*

### 300. (79 W) Amazone.

Marmor. — Rom, Vatican.

Abgebildet Bouillon II, 10. Müller-Wieseler I, 31, 138a. Vergl. Berichte der sächs. Gesellsch. der Wissenschaften 1850 p. 44 ff. Archäol. Zeitung 1852 p. 416 (O. Jahn). Rhein. Mus. N. F. XXI (1866) p. 324 ff. (Klügmann.) Friederichs Bausteine no. 93.

Unter dem Namen der Matteischen Amazone berühmte, viel gedeutete Statue. Man hat sich die Haltung des rechten Arms, der zum grössten Theil ergänzt ist, auf verschiedene Weise zu erklären gesucht, besonders mit Hilfe einer Natterschen Gemmenabbildung, deren Authenticität von anderer Seite angefochten worden ist; auf dieser Gemme hält die linke Hand einen auf die Erde herabgehenden Stab. Aber dass dies nicht ein Sprungstab sei, die Amazone wenigstens nicht in der Haltung vor einem Sprunge sei, lehrt der Augenschein auf das unzweideutigste. Dass sie sich in dieser Haltung, zugleich tableaumässig und unbequem auf einem Speer ruhend aufstütze, ist ebenso wenig glaublich.

Die Statue, von welcher viele Repliken vorhanden sind, darf mit den beiden Statuen no. 84 und no. 147 nicht in eine Linie gestellt werden. Sie ist offenbar beträchtlich später und zwar scheint es, dass der Künstler dieses schönen Werkes von einer Anregung der als polykletisch bezeichneten Amazone (no. 84) ausging und eine dem veränderten Zeitgeschmacke entsprechende Umbildung und Veränderung derselben vornahm. Bei schlankeren Proportionen, bei etwas stärkerer Bewegung und besonders einer sehr viel reicheren und künstlicheren Behandlung des Gewandes, ist dennoch die Verwandtschaft des Gesammtmotivs einleuchtend. Es ist deshalb wahrscheinlich, dass auch das Motiv des rechten Armes ähnlich gewesen sei, und es scheint dem Charakter der ganzen Figur durchaus angemessen, dass sie, vom Kampfe ausruhend, den rechten Arm auf den Kopf auflegt.

Dass die Statue im Altertum einmal ihren Aufstellungsort, vermutlich zugleich den Besitzer gewechselt, lehrt die Notiz auf der Stütze *translata de schola medicorum*.

### 301. Torso einer Amazonenstatue.

Marmor. — Trier.

Abgebildet Jahrb. des Vereins von Altertumsfreunden im Rheinlande IX (1846) Taf. 5, 1. Vergl. Berichte der sächs. Gesellsch. der Wissensch. 1850 p. 45 (O. Jahn).

Replik von no. 300.

### 302. Bruchstück eines rechten Arms.

Marmor. — Trier.

Abgebildet Jahrb. des Vereins von Altertumsfreunden im Rheinlande IX Taf. 5, 3. Müller-Wieseler I, 31, 138$^c$. Vergl. Bullettino dell' Ist. 1864 p. 65 (Klügmann).

Früher fälschlich zu no. 301 gerechnet. Vergl. auch no. 89.

### 303. (62 W) Pallas von Velletri.

Marmor. — Paris, Louvre.

Abgebildet Bouillon I, 23. Müller-Wieseler II, 19, 204. Vergl. Fröhner Notice no. 114.

Die rechte Hand hielt eine Lanze, die linke vielleicht eine kleine Nike. Vergl. no. 138.

### 304. (101 W) Pallas Giustiniani, verkleinerte Copie.
Marmor. — Rom, Vatican.

Abgebildet E. Braun Kunstmyth. 61. Müller-Wieseler II, 19, 205. Vergl. Friederichs Bausteine no. 725.

Die Schlange ist die Burgschlange der athenischen Akropolis.

### 305. Statuette der Athena.
Bronze. — Turin.

Abgebildet Clarac pl. 462 E, 848 A.

### 306. (155 W) Büste der Athena.

„Pallas mit der Aegis, in England befindlich, die Augen waren eingelegt, grosse Greife und Sphinx auf dem Helm sind vermutlich ergänzt." Welcker.

### 307. (154 W) Kopf der Athena.
Marmor. — Paris, Louvre.

Abgebildet Bouillon III bust. pl. 1. Clarac pl. 1094, 2775ᵃ. Vergl. Fröhner Notice 122. Stephani Compte-rendu pour 1869 p. 134 f.

Widderköpfe an Helmen der Athena, und überhaupt an Helmen kommen öfter vor, wie es scheint apotropäisch. Vergl. no. 304.

### 308. Kopf der Athena.
Marmor. — Glienike.

Abgebildet Monum. dell' Ist. IV, 1. Müller-Wieseler II, 19, 198ᵃ. Vergl. Annali dell' Ist. 1845 p. 112 ff. (Hettner).

### 309. (156 W) Büste der Athena.

### 309ᵃ. (157 W) Kleiner Kopf der Athena.

### 310. Kopf der Athena, ohne Helm.
Marmor. — Rom, Vatican.

Abgebildet Visconti Pio-Clem. VII, 5. Bouillon III stat. 12, 2. Clarac pl. 987, 2576. Vergl. Bullettino dell' Ist. 1872 p. 11 f. 34 f. (Flasch).

Man hat diesen Kopf zur Restauration einer Statue verwendet, für welche man die Attribute der Hygia für passend hielt. Da Athena selbst als Athena Hygia verehrt und in blühenden Zeiten der Kunst dargestellt wurde, ist es glaublich, dass der Typus der Hygia sich aus demjenigen der Athena entwickelt hat; und man würde sich eine Athena Hygia oder auch Hygia in den Formen dieses schönen, der Athena ähnlichen Kopfes an sich wohl denken können. Neuerdings ist der Kopf (von Flasch) einfach Athena genannt worden; ohne Zweifel richtig, da Athena von der alten Kunst mehrfach ohne

Helm dargestellt worden ist und ein Anzeichen für Athena als Hygia oder für Hygia an demselben nicht nachzuweisen ist.

Der Typus des Kopfes reicht in gute griechische Zeit zurück.

### 311. (22 W) Eros mit dem Bogen.

Marmor. — Rom, Capitol.

Abgebildet Mus. Capitol III, 24. Bouillon I, 19, 2. Clarac pl. 642, 1464. Müller-Wieseler II, 51, 631. Vergl. Friederichs Bausteine no. 608. Friederichs Amor mit dem Bogen des Hercules (Berlin 1867). Archäol. Zeitung 1868 p. 38 (Benndorf). Bullett. dell' Ist. 1868 p. 110 ff. (Helbig.) Schwabe Observat. archaeol. partic. I (Dorpat 1868) p. 1 ff.

Die Haltung erklärt sich daraus, dass Eros im Begriff ist, mit der rechten Hand die Sehne über das Horn des Bogens zu schlingen.

### 312. (12[b]) Eros mit dem Bogen.

Marmor. — Venedig.

Abgebildet Clarac pl. 651, 1485. Vergl. Friederichs Amor mit dem Bogen des Hercules. Bausteine no. 608. Valentinelli Marmi della Marciana no. 102.

Vergl. 311.

### 313. (376 W) Bruchstück eines Reliefs, Eros (?).

„Fragment eines beschwingten sogenannten Genius, der Oberkörper ohne den Kopf, hoch erhoben, wahrscheinlich Amor." Welcker.

### 314. 103 W) Knabe und Mädchen, verkleinerte Nachbildung.

Marmor. — Rom, Capitol.

Abgebildet Mus. Capitol. III, 22. Bouillon I, 32. Müller-Wieseler II, 54, 681. Vergl. O. Jahn Arch. Beiträge p. 161 ff. Conze De Psyches imaginibus (Berlin 1855) p. 5 ff. Friederichs Bausteine no. 610.

Eine ganze Reihe weniger vollkommener Repliken zeigt die beiden Kinder geflügelt; deshalb pflegt man sie auch hier als **Eros** und **Psyche** zu bezeichnen.

### 315. (72 W) Aphrodite im Bade.

Marmor. — Paris, Louvre.

Abgebildet Bouillon I, 15, 1. Clarac pl. 345, 1417. Vergl. Fröhner Notice no. 147. O. Jahn Archäol. Beiträge p. 444. Stephani Compte-rendu pour 1859 p. 122 ff.

„Venus im Bade niedergeschmiegt, um eben noch von einer Nymphe sich mit Wasser den Rücken übergiessen zu lassen, wie in einem Tischbeinischen Vasengemälde, oder das Tuch zum Abtrocknen aufzunehmen .... oder sollen die Chariten Wohlgerüche aus ihren Alabastern auf den Rücken ausschütten, woran die Besonderheit der gegenwärtigen kleineren Figur denken lässt..... Wiederholungen .... finden sich in Rom, Florenz, Neapel, Dresden und in England [Clarac pl. 629 ff.]." Welcker. — Zum Motiv vergl. Clarac pl. 113, 769. Stephani Compte-rendu pour 1859 Taf. 3, 6 1861 Taf. 1. 1862 Taf. 1, 1. Archäol. Zeitung 1869 Taf. 23, 6.

### 316. (70 W) Aphrodite.

Marmor. — Rom, Vatican.

Abgebildet Mus. Chiaramonti I, 26. Clarac pl. 610, 1356.

Der Kopf ist alt, aber nicht zugehörig. — Zum Motiv vergl. Stephani Compte-rendu pour 1861 Taf. 1.

### 316ª. (95 W) Torso einer Statuette der Aphrodite.

Marmor. — London, British Museum.

Abgebildet Anc. marbl. in the Brit. Mus. X, 20. Clarac pl. 622 A, 1406.

Aphrodite befestigte oder löste die Sandale am erhobenen rechten Fuss (?). Vergl. no. 573. 574. Archäol. Zeitung 1869 Taf. 23, 5.

### 317. Relief, Leda mit dem Schwan.

Marmor. — London, British Museum.

Abgebildet O. Jahn Archäol. Beiträge Taf. I. Vergl. ebd. p. 6 f. Archäol. Zeitung 1865 p. 49 ff. (O. Jahn.) Friederichs Bausteine no. 607.

### 318. (15ᶜ W) Leda mit dem Schwan.

Marmor. — Venedig.

Abgebildet Clarac pl. 412, 716. Vergl. Valentinelli Marmi scolpiti della Marciana no. 138. O. Jahn Archäol. Beiträge p. 5 f.

### 319. (41 W) Hermaphrodit.

Marmor. — Paris, Louvre.

Abgebildet Bouillon I, 63. Clarac pl. 303, 1552. Müller-Wieseler II, 56, 712. Vergl. Fröhner Notice no. 374.

„Vermutlich nach dem jüngeren Polykles um Ol. 155 ..... Die Unterlage von Bernini; ein ungeschickter Einfall, mit Kunst und für einen ungeheuren Preis ausgeführt." Welcker.

### 320. (42 W) Torso einer Replik derselben Figur.

### 321. (43 W) Torso eines stehenden Hermaphroditen.

### 322. (103 W) Aphrodite Kallipygos, verkleinerte Copie.

Marmor. — Neapel, Museo nazionale.

Abgebildet Maffei Raccolta 55. Mus. Borbon. XVI, 27. Müller-Wieseler II, 25, 276. Clarac pl. 611, 1352. Vergl. Friederichs Bausteine no. 606. Christ Noct. academ. p. 102 ff.

Alciphron I, 39. Athenaeus XII p. 554 c.

### 323. (386[b] W) Relief, Jüngling mit drei Mädchen.

Marmor. — Neapel, Museo nazionale.

Vergl. Gerhard Neapels antike Bildwerke p. 85 no. 283. Friederichs Bausteine no. 690.

Der Kopf des Jünglings ist ergänzt. Das Fragment einer Replik befindet sich im Vatican in der Galleria delle statue. Man pflegt das Relief als Alkibiades unter Hetären oder Apollon unter den Chariten zu bezeichnen.

### 324. Weiblicher Kopf.

Marmor. — München, Glyptothek.

Abgebildet Lützow Münchener Antiken Taf. 19. Vergl. ebd. p. 33 f. Brunn Beschreibung der Glyptothek no. 89. Friederichs Bausteine no 687.

Brunn urteilt, dass dieser Kopf nach Auffassung und Ausführung vielleicht das vorzüglichste Werk in der ganzen Glyptothek sei; er findet ihn der Zeit der höchsten Kunstblüte unter Phidias durchaus würdig. „... Es ist der reinste Idealstil, der unter Verzicht auf alle blos sinnlichen Reizmittel die Schönheit nur in der geistigen Belebung der Form sucht. Meisterhaft ist auch das Haar behandelt, besonders in der auf die Eigentümlichkeit des Marmors berechneten Art, wie es sich leicht und weich ohne scharfen Ansatz von der Fläche der Stirn loslöst."

Dem bewundernden Lob wird jeder empfängliche Beschauer beistimmen müssen; in dem Zeitansatz ist schwerlich das richtige getroffen. Der Kopf möchte der praxitelischen Zeit näher stehen als der des Phidias.

Vergl. no. 325.

### 325. (75 W) Muse.

Marmor. — Vatican.

Abgebildet Visconti Pio-Clem. I, 40. Bouillon I, 7, 2. Vergl. Friederichs Bausteine no. 686.

„Zur Ceres gemacht durch den Ergänzer, von welchem die linke Hand herrührt, wahrscheinlich aber eine Muse. Unvergleichlich ist das Gewand behandelt; im Marmor scheinen die Falten der Tunica wie unter einem durchsichtigen Mantel deutlich hervor, ohne dass durch diese Zartheit der Ausführung der derbe und grosse Charakter der Anlage leidet." Welcker.

Visconti vermutet, dass die linke Hand eine Rolle gehalten habe und danach Klio dargestellt sei. Den Kopf erklärt er für bestimmt zugehörig. Doch ist nicht nur die verhältnissmässige Kleinheit desselben auffällig, sondern auch die Art der Verwitterung scheint von derjenigen der Figur etwas verschieden zu sein. Vergl. no. 324.

### 326. (77 W) Muse, Euterpe.
Marmor. — Paris, Louvre.

Abgebildet Bouillon I, 8, 1. Clarac pl. 295, 1016. Vergl. Fröhner Notice no. 379. Gerhard Venere-Proserpina p. 62 Arch. Zeitung 1861 p. 132 f. zu Taf. 147, 1—3.

„Unten am Pfeiler eine Taube [?]. Die Flöten, welche diese schöne Figur zur Muse machen, sind mit den beiden Vorderarmen neu; der Kopf ist zwar alt, gehört aber nicht zu der Figur. Diese findet sich im Capitol wiederholt und unter den Borghesischen Marmorn noch einmal." [Fröhner Notice no. 381]. Welcker.

Dass die Figur Flöten hielt, obwohl nicht in der Weise wie die Restauration voraussetzt, macht die Analogie ähnlicher Figuren wahrscheinlich. (Vergl. z. B. Archäol. Zeitung 1869 Taf. 18).

### 326ᵃ. (161 W) Mädchenkopf.
Doublette des auf die Statue no. 326 aufgesetzten Kopfs.

### 327. (76 W) Muse, Polyhymnia.
Marmor. — Paris, Louvre.

Abgebildet Bouillon III, stat. 11. Clarac pl. 327, 1083. Vergl. Fröhner Notice no. 391.

„Aehnlich, doch nicht völlig gleich wie auf mehreren Reliefen mit den neun Musen, und wie eine Statue in der K. Preussischen Sammlung. Unter den Musen der Herculanischen Gemälde mit Unterschriften hat Polyhymnia, welche sinnend den Finger an den Mund legt, die Mythen, und ist also mit Kalliope, der Muse der epischen Poesie, der Bedeutung nach verwandt. Eine andere Gestaltung der Polyhymnia zeigt die schöne Statue im Pioclementinum I, 24. Die gegenwärtige ist oberhalb neu, mit Benutzung antiker Muster gearbeitet von einem römischen Künstler Augustin Penna." Welcker.

### 328. (78 W) Muse.
Marmor. — Rom, Vatican.

Abgebildet Visconti Pio-Clem. I, 25. Bouillon I, 46, 2. Clarac pl. 529, 1098.

Als Urania ergänzt.

### 329. (165 W) Maske von der Statue einer Muse, Melpomene.

Marmor. — Rom, Vatican.

Abgebildet Visconti Pio-Clem. I, 19. Bouillon I, 37. Clarac pl. 513, 1044.

### 329ᵃ. (167 W) Maske einer Muse, Melpomene.

### 330. (166 W) Maske von der Statue einer Muse, Thalia.

Marmor. — Rom, Vatican.

Abgebildet Visconti Pio-Clem. I, 18. Bouillon I, 36. Clarac pl. 509, 1025.

### 331. (162 W) Maske eines weiblichen Kopfs.

Marmor. — München, Glyptothek (?).

### 332. (169 W) Büste von der Statue der sog. Flora.

Marmor. — Rom, Capitol.

Abgebildet Mus. Capitol. III, 45. Bouillon I, 51. Clarac pl. 439, 795 A.

### 333. Weibliche Gewandfigur.

Marmor. — Berlin.

Abgebildet Levezow Die Familie des Lykomedes Taf. 5. Clarac pl. 538, 1128. Vergl. Gerhard Berlins antike Bildw. p. 54. no. 52.

Die Figur ist oberhalb modern.

### 334. (74 W) Sitzende Gewandfigur.

Marmor. — Berlin.

Abgebildet Clarac pl. 429, 772. 434, 786 B. Vergl. Gerhard Berlins antike Bildw. p. 41 no. 21.

Durch Ergänzung Demeter. Man hat vermutet, die Figur sei ein Apollon.

### 335. (10 W) Weiblicher Kopf.

### 336. Weiblicher Kopf.

Vergl. den auf die Statue no. 326 aufgesetzten Kopf.

### 337. Weibliches Köpfchen.

Marmor. — Leipzig.

Vergl. Bullett. dell' Ist. 1866 p. 103 (Benndorf).

Auf eine moderne Herme aufgesetzt.

### 338. Weiblicher (?) Kopf, mit Efeu bekränzt.

Marmor. — Rom (?).

### 339. (182 W) Weiblicher Kopf.
Marmor. — Rom, Capitol (?).
Einer der gewöhnlich Sappho genannten Köpfe.

### 340. (233 W) Weiblicher Kopf.
Einer der bald Faustina bald Sappho genannten Köpfe.

### 341. (183 W) Weiblicher Kopf.
Gewöhnlich Sappho genannt.

### 342. Weiblicher Kopf.
Marmor. — Oxford.
Abgebildet Marmora Oxoniensia Taf. 53. Vergl. Archäol. Anzeiger 1864 p. 168 (Conze).
Einer der gewöhnlich Sappho genannten Köpfe.

### 343. Weiblicher Kopf.
Marmor. — Berlin.
Vergl. Gerhard Verzeichn. der Bildhauerwerke (1868) no. 22. Berlins ant. Bildw. p. 116 no. 264.

### 344. (116 W) Weiblicher Kopf.
Marmor. — Berlin.
Vergl. Gerhard Verzeichn. der Bildhauerwerke (1858) no. 61 (?). Berlins ant. Bildw. p. 63 no. 67ᵈ (?).
Sehr vielfach ergänzt.

### 345. Weiblicher Kopf.
Marmor. — Rom, Lateran.
Vergl. Benndorf und Schöne Die antiken Bildw. des lateran. Museums no. 70 (?).

### 346. Weiblicher Kopf.
Kalkstein. — Leipzig (aus Kypros).
Abgebildet Archäol. Zeitung 1864 Taf. 188, 2. Vergl. ebd. p. 173 ff. (O. Jahn).

### 347. Weiblicher Kopf mit Mauerkrone.
Kalkstein. — Leipzig (aus Kypros).
Abgebildet Archäol. Zeitung 1864 Taf. 188, 1. Vergl. ebd. p. 173 ff. (O. Jahn).

### 348. (176 W) Weiblicher Kopf mit Mauerkrone.
Marmor. — Dresden.
Abgebildet Augusteum Taf. 102. Vergl. Hettner Die Bildw. der Antikensammlung (Dresden 1869) no. 214.

### 349. (393 W) Relief, drei Städte.
Marmor. — Paris, Louvre.
Abgebildet Bouillon I, 80. Clarac pl. 222, 301. Vergl. Fröhner Notice no. 464.

„Drei griechische Städte, mit Thürmen zur Kopfbedeckung nach dem homerischen Bild, welcher Troias Mauern ein heiliges Kredemnon nennt, sowie Euripides in der Hekabe von der Stephane der Thürme spricht." Welcker.

Gefunden an der Via Appia, also vermutlich von einem grossen Grabmonument, an dem vielleicht die Städte, den Verstorbenen als Sieger oder als Wohlthäter begrüssend, dargestellt sein konnten.

### 350. Torso einer weiblichen Gewandfigur.
Marmor. — Kopenhagen (?) (aus Keos).
Abgebildet Bröndstet Voyage I, 9.

### 351. Weibliche Gewandfigur.
Marmor. — Berlin.
Vergl. Gerhard Berlins antike Bildw. p. 36 no. 14.

Gewöhnlich Hera genannt. — Kopf, Arme und Attribute sind neu. — Späte Arbeit.

### 352. Weibliche Gewandstatue.
Marmor. — Berlin.
Abgebildet Cavaceppi I, 55. Clarac pl. 455, 721. Vergl. Gerhard Berlins ant. Bildw. p. 32. no. 5.

Der linke Arm und der rechte Unterarm mit den Attributen sind neu. — Späte Arbeit.

### 353. Silen.
Marmor. — Rom, Villa Borghese.
Abgebildet Mon. dell' Ist. III, 59. Vergl. Annali 1843 p. 266 ff. (Wiese.) Rhein. Mus. N. F. IV (1846) p. 468 ff. (Brunn.) Friederichs Bausteine no. 657.

Die Ergänzung der Arme ist nicht richtig. Der Silen schlug nicht die Becken, sondern blies die Doppelflöte; dabei dreht er sich gravitätisch in langsamem Tanz.

Die Vergleichung mit dem myronischen Marsyas (no. 79) kann lehren, wie reich und selbständig die spätere Kunst die Keime der früheren entwickelt hat. Dort ist eine heftige Bewegung für einen Moment gewaltsam gehemmt; die Körperformen sind hager, straff und sehnig; die Zeichnung bis zur Härte bestimmt und scharf. Hier ist eine behagliche, gleichmässig fortschreitende Bewegung in vollen und runden Formen ausgedrückt. In dem myronischen Werke tritt alles

Detail vor den fast gewaltsam hervorgehobenen Hauptlinien völlig zurück; hier sind die Hauptformen selbst das Ergebniss der lebensvollsten, reifsten Durchbildung des Details: jeder Muskel erscheint elastisch und schwellend. — Das Original, welches, wie man nach der Vortrefflichkeit der Statue vermuten darf, das Werk eines bedeutenden Meisters war, ist aller Wahrscheinlichkeit nach, in Bronze ausgeführt gewesen.

### 354. (28 W) Obertheil des barberinischen Satyrs.

Marmor. — München.

Abgebildet Lützow Münchener Antiken Taf. 30. Müller-Wieseler II, 40, 470. Vergl. Brunn Beschr. der Glyptothek no. 95. Verhandl. der Philologenversamml. zu Augsburg p. 71 ff. (Lützow.) Friederichs Bausteine no. 656.

### 355. (29 W) Satyr.

Marmor. — Florenz.

Abgebildet Maffei Raccolta I, 35. Müller-Wieseler II, 39, 462.

„Ein ältlicher Satyr schlägt zur Festmusik die Hohlbecken, indem er zugleich die Krupezien oder Fussklappern tritt, wie sonst auch die Pfeifer thaten. Der Eifer, voll treuherzigen Behagens, womit der Alte arbeitet, ist in der ganzen Figur, und in den Mienen die bäurische bacchische Kirmesslustigkeit sehr sprechend ausgedrückt. Die Arme sollen von Michelangelo hergestellt sein." Welcker. — Auch der vortreffliche Kopf ist, sowie einiges an den Füssen, modern.

### 356. (30 W) Torso einer ähnlichen Statue.

Marmor. — Paris.

Abgebildet Bouillon III stat. 13, 5. Clarac pl. 297, 1710. Vergl. Fröhner Notice no. 266 (?).

### 357. (31 W) Satyr, eine Ziege tragend.

Marmor. — Madrid.

Abgebildet Maffei Raccolta 122. Clarac pl. 762 E, 1671 H. Vergl. Hübner Die antiken Bildwerke in Madrid no. 59.

### 358. (127 W) Kopf eines Satyrs.

Marmor. — München, Glyptothek.

Abgebildet Bouillon I, 72, 1. Müller-Wieseler II, 39. 454. Vergl. Brunn Beschreibung der Glyptothek no. 99. Friederichs Bausteine no. 648.

Das Original hat einen durch Metalloxydation entstandenen Flecken auf der rechten Seite von Stirn und Wange, daher bekannt als Faune à la tache, Fauno colla macchia.

„Der thierische Charakter, der ausser den spitzen Ohren auch durch das struppige Haar und die bocksartige Warze am Halse äusserlich angedeutet ist, tritt durch den lüsternen Blick und den zum Lachen verzogenen Mund, in dem die Zähne sichtbar werden, auch geistig als stark ausgesprochene Sinnlichkeit hervor." Brunn.

### 358ᵃ. (130 W) Satyrkopf.

Doublette zu no. 358, ohne Büste.

### 359. (130ᵇ W) Colossalkopf eines Satyrs.

Marmor. — Venedig.

Abgebildet Valentinelli Marmi della Marciana Taf. 54. Vergl. ebd. no. 250.

### 360. (130ᶜ W) Colossalkopf eines Satyrmädchens.

Marmor. — Venedig.

Abgebildet Valentinelli Marmi della Marciana Taf. 54. Vergl. ebd. no. 299.

### 361. Kopf eines Satyrmädchens (?).

Marmor. — Rom, Lateran.

Abgebildet Benndorf und Schöne Die antiken Bildw. des Lateran. Museums Taf. 3, 1. Vergl. ebd. no. 96.

### 362. Kopf des Pan.

Marmor. — Rom, Lateran.

Vergl. Benndorf und Schöne Die ant. Bildwerke des Lateran. Museums no. 277.

### 363. Kopf eines Silen.

Marmor. — Rom, Vatican.

Abgebildet Visconti Mus. Pio-Clem. VI, 9. Müller-Wieseler II, 41, 495.

.... τοῖς .... ζώοις ... ἐπιφαίνεται τὸ οἰκεῖον εἶδος .... τράγῳ τὸ μάργον, ὓι τὸ μιαρὸν καὶ γαστρίμαργον. Adamant. p. 372 Fr.

### 364. (15 W) Der Schleifer.

Marmor. — Florenz.

Abgebildet Gal. di Firenze I, 37. Müller-Wieseler II, 14, 155. Clarac pl. 543, 1141. Vergl. Annali dell' Ist. 1858 p. 319 ff. (Michaelis.) Friederichs Bausteine no. 660.

Die Figur ist als Theil einer Gruppe zu denken. Ein skythischer Sklave schleift das Messer, um den gebundenen Marsyas zu schinden, und erwartet zu Apollon aufblickend dessen Wink.

### 365. Torso des Marsyas.

Marmor. — Berlin.

Vergl. Friederichs Bausteine no. 659.

Die Figur gehörte zu einer ähnlichen Gruppe wie der Schleifer no. 364. Marsyas ist an einen Baum gebunden, um seine Strafe zu erleiden.

### 366. (142 W) Gallier.
Marmor. — Rom, Capitol.

Abgebildet Mus. Capitol. III, 57. 58. Bouillon II, 20. Müller-Wieseler I, 48, 217. Vergl. Brunn Gesch. der griech. Künstler I p. 444 ff. Friederichs Bausteine no. 579. Annali dell' Ist. 1870 p. 292 ff. Bullettino 1871 p. 28 ff. (Brunn).

Berühmt unter dem Namen des „sterbenden Fechters."

„Er sitzt, während das Blut aus der durchbohrten Brust fliesst, auf seinem Schilde, hat offenbar sich selbst den Tod gegeben, vorher das (unstreitig alte) krumme zerbrochene Blashorn, welches auf dem Schilde liegt, selbst zerbrochen, und vollkommen richtig scheint auf dem ergänzten Theil des Postaments das Schwert angebracht, in dem Sinne ohne Zweifel, dass er es eben gegen sich selbst gebraucht habe. Derselbe hohe Charakter also den Tod der Gefangenschaft vorzuziehen, als in dem Barbaren der Gruppe Ludovisi, der sein Weib getödtet hat und darauf den Stahl gegen sich richtet: und da der Sterbende im Capitol, dessen Fundort unbekannt ist, vorher auch Ludovisisches Eigentum war, so ist es nicht unwahrscheinlich, dass beide Werke auch zusammen ausgegraben wurden und einst zu derselben Gruppe gehört haben . . . . Zu Siegesdenkmalen ordnete man vermutlich nordische Krieger von verschiedenem Alter und Ausdruck unter bedeutsamen Beziehungen zusammen." Welcker.

### 367. Torso einer Amazone.
Marmor. — Rom, Palazzo Borghese.

Vergl. Welcker A. Denkm. V p. 83 f. Friederichs Bausteine no. 432.

Das Motiv ist bei dem Zustande des Torso schwer zu erklären. Man hat geglaubt, die Amazone sei von ihrem Pferd gestürzt und werde von diesem, indem sie mit der rechten Hand den Zügel festhalte, vorwärts geschleift. Vielleicht darf man, da die indicirte Richtung des Oberarms damit nicht wohl zu vereinigen ist, sich statt dessen die Amazone neben einem Gegner denken, welcher sie, indem er sie an dem rechten Oberam gefasst hält, als Beute gewaltsam mit sich vorwärts schleift.

### 368. (102 W) Ariadne, verkleinerte Copie.
Marmor. — Rom, Vatican.

Abgebildet Bouillon II, 9. Visconti Mus. Pio-Clem. 11, 44. Müller-Wieseler II, 35, 418. Clarac pl. 689, 1622. Vergl. Jacobs Verm. Schriften V p. 405 ff. Welcker A. Denkm. I p. 449 ff. Friederichs Bausteine no. 634.

Wegen des Armbandes am linken Arm, welches, wie dies sehr gewöhnlich der Fall, in Form einer Schlange gearbeitet ist, glaubte man nach Auffindung dieser schönen Statue in ihr eine Darstellung der Königin Kleopatra zu besitzen. Dass der Gegenstand vielmehr der griechischen Mythologie angehören müsse, erkannte Winckelmann und vermutete, es sei eine Nymphe als Brunnenfigur. Die richtige Benennung der im Schlaf von Theseus verlassenen Ariadne fand Visconti und stützte sie durch die Anführung ähnlicher Werke der alten Kunst. Sie wurde über allen Zweifel erhoben durch Jacobs, der die genau entsprechende Figur umgeben von Dionysos und seinem Gefolge auf einer Münze von Perinth nachwies. — Es ist schwer begreiflich, wie gegenüber dieser zwingenden Analogie der Gedanke gefasst und ausgesprochen werden konnte, es sei nicht Ariadne dargestellt, sondern eine nicht mythisch zu deutende Figur eines Grabmals.

### 369. Relief, Medusa Ludovisi.

Marmor. — Rom, Villa Ludovisi.

Abgebildet Mon. dell' Ist. IX, 35. Annali 1871 tav. d'agg. S. T. Vergl. ebd. p. 212 ff. (Dilthey).

### 370. Relief, Medusa Rondanini.

Marmor. — München, Glyptothek.

Abgebildet Lützow Münchener Antiken Taf. 25. O. Jahn Populäre Aufs. aus der Altertumswissensch. p. 278. Vergl. Brunn Beschreibung der Glyptothek no. 128. Feuerbach Der vaticanische Apoll p. 51 ff. der neuen Aufl. Friederichs Bausteine no. 672. Dilthey in den Annali dell' Istituto 1871 p. 220. 228.

„Gegen uns über im Palast Rondanini steht eine Medusenmaske, wo in einer hohen und schönen Gesichtsform über Lebensgrösse das ängstliche Starren des Todes unsäglich treffend ausgedrückt ist. Ich besitze schon einen guten Abguss; aber der Zauber des Marmors ist nicht übrig geblieben. Das Edle, Halbdurchsichtige des gelblichen, der Fleischfarbe sich nähernden Steines ist verschwunden. Der Gyps sieht immer dagegen kreidehaft und todt." Goethe.

### 371. (141 W) Maske eines männlichen Kopfs.

Marmor. — Florenz.

Abgebildet Müller-Wieseler I, 39, 160. Vergl. Friederichs Bausteine no. 692.

Berühmt als „sterbender Alexander." — „Die Aehnlichkeit mit der Büste im capitolinischen Museum [371ᵃ] rechtfertigt die gegebene Bezeichnung, und der Gedanke, dass ein Künstler den in der Jugend hinsterbenden Helden im Todesschmerz ringend dargestellt habe, erscheint uns nicht unpassend." Friederichs.

„Man glaubt nach dem schmerzvollen Ausdruck des Gesichts einen Heros des Trauerspiels zu sehen." Welcker.

„Wie Laokoon drückt dieser Kopf Leiden und Schmerz im höchsten Grade aus, allein in einem noch grösseren edleren Sinne. Die Formen sind über allen Begriff reich, fliessend, grossartig; die technische Behandlung ist ganz vollkommen." Meyer.

### 371ᵃ. Maske eines männlichen Kopfs.
Marmor. — Rom, Capitol.

Abgebildet Bouillon I, 71, 1. Müller-Wieseler I, 39, 159.

Wie die Löcher am Kopf zeigen, waren Stralen aus Metall eingesetzt; man pflegt daher den Kopf Helios, oder Alexander als Helios zu nennen.

### 372. (11 W) Laokoon.
Marmor. — Rom, Vatican.

Abgebildet Bouillon II, 15. Visconti Pio-Clem. II, 39. Vergl. Welcker A. Denkm. I p. 323 ff. Stephani Ueber die Zeit der Verfertigung der Laokoongruppe (Petersburg 1848). Brunn Gesch. der griech. Künstler I p. 475 ff. Archäol. Anzeiger 1864 p. 199* ff. (G. Wolff.) Friederichs Bausteine no. 716. O. Jahn Aus der Altertumswissenschaft p. 169.

Plinius: *Nec deinde multo plurium fama est, quorundam claritate in operibus eximiis obstante numero artificum, quoniam nec unus occupat gloriam nec plures pariter nuncupari possunt, sicut in Laocoonte qui est in Titi imperatoris domo, opus omnibus et picturae et statuariae artis praeferendum. Ex uno lapide eum et liberos draconumque mirabiles nexus de consilii sententia fecere summi artifices Agesander et Polydorus et Athenodorus Rhodii.*

### 372ᵃ. Kopf des Laokoon, modern.
Marmor. — Brüssel, Ahrembergische Sammlung.

Abgebildet Mon. dell' Ist. II, 41, b. Vergl. Annali 1837 p. 153 ff. (Schorn.) Stephani Ueber die Zeit der Verfertig. der Laokoongr. p. 41. Friederichs Bausteine no. 717.

„Das Original zu sehen habe ich nur unter beschränkenden Umständen Gelegenheit gehabt: doch ist mir der erste Eindruck, wonach ich ein Werk des sechzehnten Jahrhunderts von der merkwürdigsten Art und den Wettstreit verschiedener Principien zu erblicken glaubte, so lebendig geblieben, dass ich die Prüfung der Unbefangenen auf diesen Punkt leiten zu müssen glaube, wie grosser Anstoss dadurch auch den Befangenen gegeben sein möchte". Welcker.

### 372ᵇ. Relief, Laokoon, modern.

Marmor. — Rom, bei Maler Wittmer.

Abgebildet Archäol. Zeitung 1863 Taf. 178, 1. Vergl. ebd. p. 89 ff. (Baumeister und Gerhard.) Friederichs Bausteine no. 718.

### 373. Kämpfender Held.

Marmor. — Paris, Louvre.

Abgebildet Bouillon II, 16. Müller-Wieseler I, 48, 216. Clarac pl. 304, 2145. Vergl. Fröhner Inscript. grecq. (Musée du Louvre 1865) no. 124. Brunn Gesch. der griech. Künstler I p. 576 ff. Friederichs Bausteine no. 681.

Berühmt unter dem Namen des borghesischen Fechters. Am Stamm steht die Künstlerinschrift $Ἀγασίας\ Δωσιθέου\ Ἐφέσιος\ ἐποίει$.

„Der rechte Arm ist neu .... mit dem linken Arm aber ist der Schildriemen erhalten. Ihm gegenüber ist zu denken eine Amazone zu Pferd, oder erhöht auf einem Felsen stehend, wie auf einem Vasengemälde (Tischbein Vasen II, 10 = 17), gegen die der Held zugleich mit dem Schilde durch die Bewegung des linken Armes sich schützt, und mit der hinterher ausholenden Rechten, mit gespanntem Blick, den Angriff seines Schwertes richtet. Der Mund ist geöffnet, als ob der Held, gleich den homerischen, dem Gegner zurufe; die höchste, aber gehaltene Kraftanstrengung wird sogar im Antlitz sichtbar. In der kräftigen und ungezwungenen Vereinigung der doppelten Handlung liegt der Grund von dem höchst lebhaften Ausdruck dieses Musterbildes, in welchem alles Thätigkeit, Leben, Bewegung ist, in ihrer Bestimmtheit die Ursache, nicht einen Streiter überhaupt anzunehmen, sondern diejenige Figur gegenüber zu denken, die allein, wie es scheint, eine solche Stellung veranlassen oder vollkommen erklären könnte ...... Dass man den Heros verkannt und an eine athletische Figur und Stellung gedacht hat, ist aus dem Grunde verzeihlicher, weil in dem Werke die zwiefache Kunst der Gymnastik und des Bildhauers so gross ist, dass dadurch die Vorstellung der Einfachheit und des Gewaltigen, welche dem Homerischen vorzüglich eigen sind, entfernt zu werden scheint. Diese Spannung des Blicks, die Gewandtheit, das Berechnete in der zwiefachen Thätigkeit schliessen leidenschaftlichen Ausdruck, Heldenungestüm, die höchste Grossartigkeit aus. So ungefähr würde Achilles in der Darstellung eines Antimachus, verglichen mit der Erscheinung des homerischen Achilles, auf uns wirken. Nur an die Penthesilea dabei zu denken, wäre unbefugt und abgeschmackt ... Was die Idealität der Formen betrifft, so wird oft vergessen, auf den Unterschied, theils der dargestellten Personen und Handlungen, theils auch der Grundsätze, welche darüber schon vor

Lysipp in den Schulen herrschten, Rücksicht zu nehmen. Was würde eine Stellung wie diese wert sein ohne diese grosse Naturwahrheit und wie würde ein idealischer gehaltenes Gesicht zu einer solchen Figur sich schicken?" Welcker.

### 374. (12 W) Torso des Herakles.
Marmor. — Rom, Vatican.

Abgebildet Bouillon II, 4. Visconti Pio-Clem. II, 10. Clarac pl. 803, 2017. Vergl. Raoul-Rochette Conjectures sur le torse de Belvédère (Paris 1842). Stephani Der ausruhende Herakles (Petersburg 1854) p. 149 f. Brunn Gesch. der griech. Künstler I p. 542 f. Friederichs Bausteine no. 676. Archäol. Zeitung 1867 p. 126 ff. (E. Petersen).

An dem Felsen steht die Künstlerinschrift Ἀπολλώνιος Νέστορος Ἀθηναῖος ἐποίει. Apollonios würde uns ohne diese Inschrift nicht bekannt sein.

In der Bewunderung des Torso, den Winckelmann in einem seiner berühmten Hymnen gefeiert und welchem Schiller enthusiastische Worte geweiht, sind Alle einig; über das Motiv, durch welches man sich die Haltung zu erklären habe, sind viele widersprechende Ansichten aufgestellt. Früher dachte man sich meist Herakles gruppirt mit einer vor ihm stehenden Figur, etwa Hebe oder Auge; dann ihn allein, mit beiden Händen auf seiner linken Seite einen Stab fassend, so dass er ausruhe; neuerdings hat man geglaubt, er sei leierspielend zu denken.

Schillers Aeusserung (Briefe eines reisenden Dänen, bei Gödeke III p. 581) lautet wie folgt: „Ich kann diesen Saal nicht verlassen, ohne mich noch einmal an dem Triumph zu ergötzen, den die schöne Kunst Griechenlands über das Schicksal einer ganzen Erdkugel feiert. Hier stehe ich vor dem berühmten Rumpfe, den man aus den Trümmern des alten Roms einst hervorgrub. In dieser zerschmetterten Steinmasse liegt unergründliche Betrachtung — Freund! Dieser Torso erzählt mir, dass vor zwei Jahrtausenden ein grosser Mensch da gewesen, der so etwas schaffen konnte, dass ein Volk dagewesen, das einem Künstler, der so etwas schuf, Ideale gab, dass dieses Volk an Wahrheit und Schönheit glaubte, weil einer aus seiner Mitte Wahrheit und Schönheit fühlte — dass dieses Volk edel gewesen, weil Tugend und Schönheit nur Schwestern der nemlichen Mutter sind. — Siehe Freund, so habe ich Griechenland in dem Torso geahndet".

### 375. (85 W) Herakles, sitzend.
Marmor. — England.

Abgebildet Clarac pl. 795, 1988.

### 375ª. Relief, Herakles.
Marmor. — Berlin (?).

### 376. (67 W) Aphrodite.

Marmor. — Florenz, Uffizien.

Abgebildet Galleria di Firenze stat. II, 87. 88. Bouillon I, 9. Clarac pl. 612, 1357. Müller-Wieseler I, 50, 224. Vergl. Friederichs Bausteine no. 587. Visconti Opere varie III p. 11 ff. C. I. Gr. 6157.

Berühmt unter dem Namen der mediceischen Venus. Die Künstlerinschrift an der Basis Κλεομένης Ἀπολλοδώρου Ἀθηναῖος ἐπώεσεν soll bei der Restauration der Basis nach der antiken Inschrift wiederholt worden sein.

### 377. (69 W) Aphrodite.

Marmor. — Dresden.

Abgebildet Augusteum Taf. 27—30. Vergl. Hettner Die Bildw. der Antikens. (1869) no. 385. Friederichs Bausteine no. 588.

Nach Art der mediceischen Aphrodite.

### 378. (71 W) Torso der Aphrodite.

### 379. Torso der Aphrodite.

Marmor. — Berlin.

Vergl. Gerhard Verzeichn. der Bildhauerwerke (1858) no. 475.

### 380. (63 W) Torso einer weiblichen Statue.

Marmor. — Tegel.

Vergl. Friederichs Bausteine no. 617.

Man hat an Aphrodite und, der Ansätze wegen, an eine Figur aus einer Gruppe der drei Chariten gedacht.

### 380ᵃ. (96 W) Torso einer Statuette der Aphrodite.

### 381. (158 W) Kopf einer Statue der Aphrodite.

Marmor. — Rom, Capitol.

Abgebildet Mus. Capitol. III, 19. Bouillon I, 10. Clarac pl. 621, 1384. Vergl. Friederichs Bausteine no. 585.

### 382. Weiblicher Kopf.

Marmor. — Rom, Lateran.

Vergl. Benndorf und Schöne Die ant. Bildw. im Later. Museum no. 444.

Aphrodite oder eine der Aphrodite nah verwandte mythologische Gestalt.

### 383. (168 W) Kopf der Aphrodite mit Stephane.

### 384. Weiblicher Kopf mit Stephane.

Marmor. — Paris, Louvre.

Abgebildet Bouillon I, 60. Clarac pl. 330, 1896. Vergl. Fröhner Notice no. 44.

Vergl. no. 206—208.

### 385. Hochrelief, Nike mit der Gorgonenmaske auf dem Kopf.

Marmor. — London.

Abgebildet Specim. of anc. sculpt. II, 44. E. Braun Kunstmythol. 59. Arch. Zeit. 1857 Taf. 97. Vergl. ebd. p. 1 ff. (Welcker.) = Welcker A. Denkm. V p. 24 ff. Rhein. Mus. N. F. XXIV (1869) p. 303 ff. (Helbig).

### 386. Köpfchen der Nike (?).

Marmor. — Rom, Lateran.

Vergl. Benndorf und Schöne Bildw. im Lateran no. 322.

Vergl. Specim. of anc. sculpt. I, 48 und die Nike auf der Traianssäule (Bartoli Colonna Traiana 229. Fröhner La colonne Trajane, Musée du Louvre, Paris 1865. p. 121).

### 387. (64 W) Psyche (?).

Marmor. — Neapel, Museo nazionale.

Abgebildet Clarac pl. 649, 1493. Mus. Borbon. XV, 42. Annali dell' Ist. 1864 tav. d'agg. I, 12. Vergl. ebd. p. 144 ff. (Kekulé). Friederichs Bausteine no. 611.

### 388. (33 W) Narkissos.

Marmor. — Paris, Louvre.

Abgebildet Bouillon I, 59. Clarac pl. 300. 1859. Vergl. Wieseler Narkissos (1856) p. 25 ff.

### 388ª. (89 W) Torso einer Statuette des Narkissos.

Marmor. — England.

### 389. (34 W) Ares Borghese.

Marmor. — Paris, Louvre.

Abgebildet Bouillon II, 14. E. Braun Kunstmythologie 85. Clarac pl. 263, 2073. Vergl. Gädechens Glaukos p. 66 ff. Urlichs Ueber die Gruppe des Pasquino (Bonn 1867) p. 35 ff. Friederichs Bausteine no. 720.

Die Statue wird bald Achill, bald Ares genannt. Für den Ring über dem Knöchel des rechten Fusses ist bisher weder unter der einen, noch unter der anderen Voraussetzung eine befriedigende Deutung gegeben worden. Man hat u. a. vermutet, dass er eine Andeutung der Fesselung sei, welche Ares und Aphrodite von Hephäst erduldeten.

### 390. (133 W) Kopf des Ares (?).

Marmor. — Paris, Louvre.

Abgebildet Bouillon I, 8. Clarac pl. 313, 1439. pl. 355, 411.

### 391. (32 W) Apollon.

Marmor. — Rom, Vatican.

Abgebildet Visconti Pio-Clem. II, 32. Bouillon II, 12. Vergl. Friederichs Bausteine no. 444.

### 392. (159 W) Kopf des Apollon.

Marmor. — Rom, Capitol.

Abgebildet Righetti Il Campidoglio II, 258. Vergl. Bullettino dell' Ist. 1866. p. 100. (Kekulé).

### 393. Dem Apollon ähnlicher Kopf.

Bronze. — Neapel, Museo nazionale.

Abgebildet Le antichità di Ercolano V, 63. 64. Mus. Borbon. VII, 12.

Gewöhnlich Berenike genannt.

### 394. (45 W) Männlicher Torso.

### 395. (44 W) Männlicher Torso.

### 396. (88 W) Männlicher Torso.

### 397. (87 W) Männlicher Torso vornübergeneigt.

### 398. Orestes (?).

Marmor. — Rom, Villa Albani.

Abgebildet Annali dell' Ist. 1865 tav. d'agg. D. Kekulé Die Gruppe des Künstlers Menelaos Taf. II, 3. Vergl. ebd. p. 21 ff. Friederichs Bausteine no. 92.

Die Inschrift am Stamm lautet $\Sigma\tau\acute{\epsilon}\varphi\alpha\nu\sigma\varsigma\ \Pi\alpha\sigma\iota\tau\acute{\epsilon}\lambda\sigma\nu\varsigma\ \mu\alpha\vartheta\eta\tau\grave{\eta}\varsigma\ \dot{\epsilon}\pi o(\iota)\epsilon\iota$.

### 399. (39 W) Der Dornauszieher.

Bronze. — Rom, Capitol.

Abgebildet Bouillon II, 19, 2. Clarac pl. 714, 1702. Vergl. Visconti Opere varie IV p. 163. Brunn Gesch. der griech. Künstler I p. 511. Bursian Griech. Kunstgesch. (Ersch und Gruber Band LXXXII) p. 481 f. Note 79. Overbeck Geschichte der Plastik II² p. 127. 157 Note 168. Friederichs Bausteine no. 501.

„Auch in Marmor nachgebildet mehrmals in Rom, Florenz, in der Wallmodenschen Sammlung, in Berlin. Hagere Formen, etwas lässiges in den angelegten Händen. Hohe Wahrheit in der Bewegung, im Charakter des Alters, in den Formen; eine Einfachheit und Reinheit, welche der besten Kunstzeit wert ist; bewundernswert ist der Ausdruck von Aufmerksamkeit im Gesicht". Welcker.

Ueber die Zeit, welcher diese berühmte Bronzefigur zuzuschreiben sei, gehen die Urteile weit auseinander.

Brunn spricht aus, dass der dornauszichende Knabe in die Kunstthätigkeit, welcher der Knabe mit der Gans (no. 270) und ähnliche Werke angehören und welche, für uns an den Namen des Boethos geknüpft, von anderen Künstlern fortgesetzt worden ist, sich vortrefflich einfüge.

Overbeck glaubt, dass sich der Dornauszieher vielleicht auf Boethos selbst zurückführen lasse.

Friederichs widerspricht dieser Bestimmung. „Denn die Anordnung des Haares ist noch weit entfernt von der zufälligen Natürlichkeit, die nach Alexander üblich war; sie stimmt vielmehr mit der stilisirenden Weise der früheren Zeit". Er bezieht sich auf das Urteil Meyers zu Winckelmann Kunstgesch. Buch VII, Cap. 2 § 18: „die rührende Einfalt in seinem ganzen Wesen, die unschuldige reizende Schönheit aller Formen, der Saum um die Lippen und die überaus fleissig und zierlich gearbeiteten Haare scheinen in ihm ein griechisches Werk und zwar aus der besten Zeit anzuzeigen". Friederichs fügt daran die richtige Bemerkung an: „der Einschnitt am Lippenrande entscheidet freilich nicht, man findet ihn auch an römischen Werken". Aber er schliesst: „nach der Behandlung des Haars geht diese Bronze dem betenden Knaben, der in dieser Hinsicht ganz mit dem Apoxyomenos übereinstimmt, der Zeit nach voran".

Dieser Widerspruch der Urteile erscheint, bis zu einem gewissen Grad, in der Statue selbst begründet.

Für Brunn und Overbeck sind offenbar der Gesammteindruck, das Motiv selbst, vermutlich auch die Behandlung und Durchführung des Körpers bestimmend gewesen; für Friederichs das Haar, in dem er eine altertümlichere Kunstweise wiederfand.

Das Haar ist schön und zierlich, mit Eleganz und, in den Spitzen der Locken selbst nicht ohne Freiheit, gearbeitet; aber die Anordnung ist schematisch und die Locken fallen nicht, wie man es erwarten sollte, der Bewegung des Kopfes entsprechend, vorwärts. Der Künstler hat dies absichtlich unterlassen, um nicht zu einer andern Anordnung des Haares, während die gegebene ihm gefallen mochte, genötigt zu sein. Er glaubte vielleicht darin dem Gebrauch der altertümlichen Kunst zu folgen, vielleicht auch zugleich den Moment der beginnenden Bewegung, welche der Beschauer in seinen Gedanken unwillkürlich fortsetzen werde, zu fixiren. Aber die Neigung des Kopfes ist zu stark, als dass der Beschauer an diesem Widerstreit nicht anstossen sollte. Auch die Züge des Gesichtes selbst erinnern in etwas noch an die altertümliche Kunst, ohne jedoch ihr völlig anzugehören. Der Körper lässt in Zeichnung, in Auffassung und Wiedergabe der Formen der Natur diejenige Art der Meisterschaft erkennen, welche, von der Art der Meisterschaft früherer Künstler verschieden, wie es scheint erst durch Lysippos gelehrt worden ist.

Ein noch der altertümlichen Kunst angehöriger, oder ihr nahestehender Künstler, der einen solchen Körper bilden konnte, würde schwerlich den Versuch unterlassen haben, auch die Haare in einem der Neigung des Kopfes angemesseneren Wurfe zu bilden. Denn ein anderes ist es, wenn die Bildung der Haare noch überhaupt vernachlässigt wird, wie dies von Meistern der altertümlichen Kunst gemeldet wird, ein anderes die selbständigste, zierlichste, selbst freie Behandlung des Haares verbunden mit einer an sich unmöglichen Haltung; und auch wer für irgend eine Stufe der altertümlichen Kunst diese Vereinigung natürlich finden sollte, wird doch wiederum schwerlich einer solchen Stufe des Könnens den Körper der Statue, schwerlich auch das Motiv selbst zutrauen mögen. Aus diesen Gründen ist es nicht wahrscheinlich, dass die Statue einer völlig naiven Kunstepoche angehöre. Es scheint, dass der Künstler des dornauszieheuden Knaben bestrebt war, den Reiz des genrehaften Motivs, das er offenbar mit der grössesten Anspruchslosigkeit vortragen wollte, noch durch den Reiz altertümlicher Einfachheit zu verstärken.

Wann Anklänge an das altertümliche in dieser Weise in der bildenden Kunst zuerst verwendet wurden, lässt sich nicht angeben. An sich möchte ihre früheste Verwendung von der Richtung, welcher das Idyll und Genre entsprang, nicht allzuweit entfernt liegen. Doch sind bisher keine Anhaltspunkte vorhanden — und es ist aus allgemeinen Gründen vielleicht nicht wahrscheinlich zu machen — dass eine Verwendung von Anklängen an altertümliche Kunst bei einem solchen Gegenstand der Darstellung bereits in der Epoche, welcher man den Boethos zuzuschreiben pflegt oder sehr bald darauf üblich gewesen sei.

Die nächsten Analogien würden, für jetzt, die Statue des Apoll aus Pompei und der Camillus des Capitols, welche der Schule des Pasiteles zugeschrieben worden sind, darbieten. Der Dornauszieher übertrifft beide Werke durch Anmut, Lässigkeit und Fluss der Composition. Wie weit diese Vorzüge in der Schule des Pasiteles erreicht worden sind, darüber giebt auch die Gruppe seines Enkelschülers Menelaos in Villa Ludovisi vielleicht nur theilweise Aufschluss. Der Gegenstand der Statue des dornauszieheuden Knaben liegt innerhalb derjenigen Grenzen, wie sie auch in minder glücklichen Zeiten der Kunst einer bestimmten Weise künstlerischen Talents nicht selten harmonische und erfreuliche Schöpfungen gestattet haben. Es wird sich deshalb zwar noch nicht entscheiden lassen, ob der Dornauszieher mit der pasitelischen Schule selbst in directer Verbindung stehe oder nicht; aber man wird vermuten dürfen, dass er einer, vielleicht früheren, aber in einigen wesentlichen Dingen der Schule des Pasitcles analogen Kunsrichtung angehöre.

**400.** (130 W) **Maske von der Statue der sog. Thusnelda.**
Marmor. — Florenz, Loggia de' Lanzi.
Abgebildet Mon. dell' Ist. III, 28. Göttling Thusnelda und Thumelicus Taf. II, 1. 3. Müller-Wieseler I, 68, 376. Vergl. Göttling Ges. Abhandl. I p. 380 ff. Brunn Künstlergesch. I p. 453. Friederichs Bausteine no. 809.

Der Name Thusnelda ist irrig. Es scheint eine Germania devicta, oder eine verwandte Personification eines besiegten germanischen Stammes oder Landes dargestellt zu sein.

**401.** (175 W) **Maske eines weiblichen Kopfes.**
Marmor. — Paris, Louvre.
Abgebildet Bouillon II, 67, 2. Clarac pl. 1096, 2810 B.

Des Löwenfelles wegen, mit dem der Kopf bedeckt ist, pflegt man ihn Jole oder Omphale zu nennen.

„Grosse Schönheit und gefälliger, königlicher Ausdruck". Welcker.

**402.** (175ᵇ W) **Weiblicher Kopf.**
Marmor. — London (?).
Abgebildet Sophocl. Electra ed. O. Jahn Titelvignette. Vergl. Friederichs Bausteine 810.

„Omphale, wie es scheint, nach der Schönheit des Gesichts und der Löwenhaut über der Stirne, wiewohl etwas gespanntes in der Stirne und ein leiser, schmerzlicher Zug im Munde für Omphale auffallend wäre. Vielleicht verlassen von Herakles. Die Künstler nennen den Kopf, der wohl nach England gegangen ist, Mutter des Hercules. Er soll in Ostia gefunden und bei Mr. Jones in London sein". Welcker.

O. Jahn dachte an eine tragische Heldin wie Antigone oder Elektra.

Eine ungefähre Analogie würden manche Masken an den Sarkophagen darbieten; aber der Kopf ist nicht maskenartig, sondern von weichen, fast unbestimmten Formen. Sonst würden sich unter antiken Werken Köpfe wie no. 400 vergleichen lassen, daher denn auch Friederichs den Kopf als den einer Barbarin bezeichnete, obgleich auch hierzu die Aehnlichkeit kaum ausreicht; vielleicht darf man auch an eine eigentümliche Amazonenbildung denken.

**403.** (172 W) **Kopf der Isis.**
Marmor. — Rom, Vatican.
Abgebildet Visconti Mus. Pio-Clem. VI, 17.
Zierliche Nachbildung eines Bronzeoriginals.

**404.** (173 W) **Kopf der Isis.**
Marmor. — Paris, Louvre.
Abgebildet Bouillon I, 69, 2. Clarac pl. 1087, 2733 B. Vergl. Fröhner Notice no. 560.

„Mit den Zeichen eines Monds und einer platten, kleinen Schlange in der Mitte des Diadems, Mohnköpfen der Ceres an demselben und Hörnern der Jo an der Stirne. Eine sonst nicht vorkommende Composition". Welcker.

### 405. (170 W) Roma.
Marmor. — Paris, Louvre.

Abgebildet Bouillon I, 74, 1. Clarac pl. 1100, 2820 F. Vergl. Fröhner Notice no. 468.

„Der obere Theil einer colossalen Statue ..., ähnlich der Pallas, kenntlich durch die säugende Wölfin auf beiden Seiten des Helms". Welcker.

### 406. (171 W) Roma.
Marmor. — Paris, Louvre.

Abgebildet Bouillon II Titelvignette. Clarac pl. 1100, 2820 E. Vergl. Fröhner Notice no. 469.

### 407. (314ᵇ W) Runde Ara mit Relief.
Marmor. — Florenz, Uffizj.

Abgebildet Raoul-Rochette Monum. inédits Taf. 26, 1. Vergl. Abhandl. der Berliner Akademie 1812 p. 74 ff. (Uhden) mit Abbildung. O. Jahn Archäol. Beiträge p. 379 ff. Overbeck Gallerie heroischer Bildw. p. 318 f. zu Taf. XIV, 7. Geschichte der Plastik II² p. 295.

Iphigenie ist, von einem Jüngling geleitet, herangeschritten. Kalchas schneidet ihr eine Locke ab, zur Todesweihe. Hinter Kalchas steht ein Opferdiener; hinter dem Iphigenie geleitenden Jüngling Agamemnon, abgewandt und mit verhülltem Haupt.

An dem Original steht an dem unteren (am Abguss fehlenden) Rand die Künstlerinschrift Κλεομένης ἐποίει. Zwischen den Relieffiguren sind später eingeritzte Buchstaben erkennbar.

### 408. (315 W) Amphora mit Relief, verkleinerte Copie.
Marmor. — Paris, Louvre.

Abgebildet Bouillon III vases 8. Clarac pl. 126, 118. 130, 117. Müller-Wieseler II, 48, 602. Vergl. Fröhner Notice no. 19. Inscriptions grecques, mus. du Louvre no. 127.

Auf einen Altar zu, auf welchem Feuer brennt, kommen von der einen Seite Artemis mit dem Reh, Apoll, leierspielend, ein Satyr, der die Doppelflöte bläst; von der anderen Hermes mit dem Kerykeion, eine Mänade mit Messer und zerstücktem Reh, ein Korybant. Zwischen diesem und dem Satyr tanzen zwei Mänaden. Es scheint also ein Festtanz um den Altar dargestellt zu sein.

An der Basis des Altars ist die Künstlerinschrift angebracht Σωσίβιος Ἀθηναῖος ἐποί(ει).

### 409. (310 W) Krater mit Reliefs, modern.
Vergl. Müller-Wieseler II, 34, 396.

„Uebergebung des Bacchuskindes an seine Amme, in der Hauptgruppe übereinstimmend mit der vollkommen gut componirten Vase des Salpion, in den Nebenpersonen abweichend, sowohl der Zahl, als zum Theil dem Charakter nach. Nähere Auskunft zu geben bin ich ausser Stande; vermute aber, dass die Arbeit modern sei, obwohl unter den Figuren keine ist, die nicht ein antikes Urbild hätte". Welcker.

### 410. (386ᶜ W) Die Apotheose des Homer.
Marmor. — London, British Museum.

Abgebildet Visconti Pio-Clem. I, B. Müller-Wieseler II, 58, 742. Vergl. Annali dell' Ist. 1849 p. 119 ff. (L. Schmidt.) Brunn Gesch. der griech. Künstler I p. 572 f. 584 f. Kortegarn De tabula Archelai (Bonn 1862) mit Abbildung. Friederichs Bausteine no. 736. Archäol. Zeitung XXIX p. 147, 43 (Michaelis).

„Homer mit Schriftrolle und Scepter, sitzt auf einem Thron, die Welt (Οἰκουμένη) setzt ihm den Lorberkranz auf, der geflügelte Zeitgott (Χρόνος) hält zwei Werke der Dichtkunst fest in seinen Händen; neben dem Thron sitzen gekauert die Ἰλιάς, ein Schwert, die Ὀδυσσεία, ein Aplustre haltend, und Mäuse am Fussschemel deuten auf die Batrachomyomachie. Am Sockel des Altars, an welchem das grösste Opfer, der Stier dargebracht wird, ist A A geschrieben. Der Knabe Mythos thut den Opferdienst mit Kanne und Schale, Historia, eine Rolle in Händen, scheint Weihrauch zu streuen, die Poesie hebt die Fackeln hoch, Tragödie und Komödie und in der Gruppe zuletzt Natur als Kind (weil die Anlage das Früheste, das den Dichter macht), Tugend, Erinnerung, Treue oder Sicherheit, Bildung oder Gelehrtheit (Φύσις, Ἀρετή, Μνήμη, Πίστις, Σοφία, die er schafft oder in sich wirksam vereinigt) stimmen ein in der Verehrung. Der obere Theil stellt dar zuoberst Zeus, in der mittleren Reihe Apollon Kitharödos und in beiden mittleren Reihen vertheilt die neun Musen. Für welche Höhle die zu nehmen sei, worin Apollon sich befindet, wer die die vor ihm stehend eine Patera oder eine Trinkschale hält, wer der Sänger mit einer Rolle in der Hand, der vor dem angeblichen Dreifuss steht, ist nicht ausgemacht . . . ."

„Der eigentliche Gedanke bei der Verknüpfung der unteren für sich selbständigen Composition mit dem an sich verworrenen Olymp, Helikon, Parnass ist noch nicht klar und war vielleicht auch dem ziemlich späten Bildhauer nicht klar." Welcker.

Unten an dem Sessel des Homer sollen auf dem Original eine Maus und ein Frosch kenntlich sein. Der unbärtige Kopf des Dichters vor dem unzweifelhaften Dreifuss ist modern. In dieser Figur wird meist Hesiod gesucht. Die in neuerer Zeit gebilligte Vermutung Goethes, es sei der Donator des Reliefs, ist auch desshalb nicht zulässig, weil das Relief schwerlich ein eigentliches Votivrelief ist. Dasselbe kann von der Gattung der ilischen Tafel und ähnlicher Monumente, in welchen ein gelehrtes, stoffliches Interesse das künstlerische überwiegt, schwerlich getrennt werden. Auch die Stelle, welche die Künstlerinschrift einnimmt, ist der Annahme eines Votivs nicht günstig. Dass das Opfer an Homer, in der untersten Reihe, in Kleinasien vorgehend zu denken sei, wird durch die Race des Opferstiers wahrscheinlich. Wenn jedoch Welcker, wie er in einer Anmerkung erzählt, in Smyrna versichert wurde, „dass die Grotte der Apotheose mit der Homersgrotte etwa zwei Stunden von der jetzigen Stadt, ziemlich hoch am Gebirg, ganz übereinstimme," wie eine Vergleichung der Zeichnung des Reliefs ergeben habe (wozu Welcker zufügt: „ich mag dies, da ich die Homersgrotte früher besucht hatte, weder bestätigen noch in Abrede stellen"), so wird man billig zweifeln dürfen, ob die Charakteristik der Grotte auf dem Relief zur Wiedererkennung irgend einer besonderen bestimmten Grotte überhaupt ausreiche.

Die Künstlerinschrift lautet Ἀρχέλαος Ἀπολλωνίου ἐποίησε Πριηνεύς.

### 411. (326ᶜ W) Relief, Apotheose des Herakles.

Palombino. — Rom, Villa Albani.

Abgebildet Zoega Bassiril. II, 70. Millin Gal. mythol. 124, 464. Vergl. Stephani Der ausruhende Herakles (Petersburg 1854) mit Abbildung Taf. I.

Admata, welche im Mythus als Priesterin der argivischen Hera berühmt ist, steht, als solche durch die (im Abguss fehlende) Inschrift bezeichnet, neben einem runden, mit Relieffiguren geschmückten Altar. Mit der linken Hand hält sie eine Fackel, mit der Rechten eine grosse Schale. In diese Schale giesst Nike, dieselbe auch ihrerseits anfassend, aus erhobener Kanne. Hinter Admata steht ein bärtiger Mann, der eine Schale vorstreckt, damit auch diese von Nike gefüllt werde. Man erklärt ihn für Herakles, dessen Aussöhnung mit Hera durch die Spendung ausgedrückt werde; oder auch für Amphitryon. Als Ort dieser Handlung scheint der Tempel des ismenischen Apoll gedacht zu sein. Denn auf der Basis des Dreifusses links von Admata ist eine Inschrift angebracht, welche ihn als Weihgeschenk des Amphitryon für Herakles an Apoll bezeichnet; und einen ebenso bezeichneten Dreifuss sah Pausanias im Heiligtum des Apollon Ismenios zu Theben. — Die Inschriften auf den beiden Anten, welche diese Scene einschliessen, zählen die Thaten des Herakles auf.

Oberhalb der Scene der Spendung ist Herakles ausruhend (Ἡρακλῆς ἀναπαυόμενος) inmitten von Satyrn und Mänaden dargestellt, und zwar ist diese obere Darstellung in grösserem Maassstabe ausgeführt als die untere.

Eine der Mänaden ist als Europe, ein junger Satyr, der während Herakles sich umsieht, einen Zug aus dessen Skyphos thut, als Italos (?) bezeichnet.

Die Namen der beiden Satyrn rechts begannen, der eine mit den Buchstaben *AB* und *I*, *T* oder *I*, der andere mit *TOΠ*.

Die längeren Inschriften sind wegen ihrer Kleinheit in dem Abguss nicht deutlich geworden; sie sind auch auf dem Original nur sehr schwer lesbar.

### 412. (353$^k$ W) Bruchstück eines Reliefs.
Marmor. — Rom, Vatican.

Abgebildet Museo Chiaramonti I, 44. Vergl. Annali 1829 p. 298 ff. (Panofka.) O. Jahn Archäol. Aufs. p. 60 ff. Stephani Compterendu pour 1859 p. 68 ff. Friederichs Bausteine no. 493. Strube Studien zum eleus. Bilderkreis p. 85 ff.

Ge reicht der Athena den Erichthonios; der linke Fuss rechts ist der Rest einer männlichen Figur, wahrscheinlich des Hephästos. (Eine andere Erklärung vermutet in dem Knaben Dionysos, in der Frau zur Linken Nysa.)

### 413. (391 W) Bruchstück eines Reliefs, Wagenlenkerin.
Marmor. — Rom, Vatican (??).

### 414. (389 W) Relief.

Quadriga von einer Frau gelenkt; geführt von einem Jüngling mit Pedum.

Dieses und das folgende Relief no. 415 sind offenbar moderne Arbeiten mit Benutzung antiker Vorbilder und Motive. — Vergl. Pistolesi Il Vaticano descritto V, 40.

### 415. (340 W) Relief.
Vergl. Friederichs Bausteine no. 872.

Quadriga von einem langbekleideten Jüngling gezügelt; voran eilt ein Jüngling.

### 416. (380 W) Bruchstück eines Reliefs.

Marmor. — Rom, Vatican.

Abgebildet Visconti Pio-Clem. IV, 11. Vergl. Welckers Zeitschrift für a. K. p. 365 ff. (Zoega.) Friederichs Bausteine no. 751.

Hephäst (an dem Brust und Kopf neu ist) lehnt sich auf eine, offenbar nicht als lebendig gedachte weibliche Figur, in welcher man eine seiner künstlichen Dienerinnen vermutet hat. Dabei eine Frau, und oben rechts der Rest eines Dreizacks (?).

### 417. (340 W) Relief.

Marmor. — Rom, Vatican.

Abgebildet Mus. Chiaramonti I, 8. Vergl. Friederichs Bausteine no. 777.

Eine sitzende und eine stehende Frau, in denen man Thetis und Hera vermutet hat. Die Köpfe beider Figuren, die beiden Arme der stehenden, der rechte der sitzenden sind neu.

### 418. Relief, Satyrn in der Werkstatt des Hephäst.

Marmor. — Paris, Louvre.

Abgebildet Bouillon III basrel. 4. Clarac pl. 18, 194. Müller-Wieseler II, 18, 194. Vergl. Fröhner Notice no. 109. Berichte der sächs. Gesellsch. der Wissensch. zu Leipzig 1861 p. 310 ff. 1868 p. 213, 159 (O. Jahn) Gött. gel. Anzeig. 1870 p. 412 f. (Benndorf).

Von Fröhner ist das Relief für modern erklärt worden.

### 419. (314ᶠ 347 W) Reliefs.

Marmor. — Rom, Capitol.

Abgebildet Mus. Capitol. V, 6, 8. E. Braun Kunstmythol. 2. 5.

Zwei Seiten einer vierseitigen Ara.

(a) Rhea reicht dem Kronos einen Stein statt des neugeborenen Zeus.

(b) Zeus thronend unter den Göttern.

### 420. (371ᵇ W) Theil eines Reliefs.

Marmor. — Rom, Vatican.

Abgebildet Visconti Pio-Clem. IV, 9.

Zwei Korybanten.

### 421. (349. 350 W) Relief.

Marmor. — Tegel.

Abgebildet Winckelmann Monum. ined. II Vignette. Millin Gal. mythol. 36, 125. Vergl. Friederichs Bausteine no. 752.

„Zeus und Hephaestos, der ihm eben den Hammerschlag zur Entbindung von der Pallas gegeben hat." Welcker.

### 422. (347ᶜ W) Relief.
„Asklepios sitzend, mit langem knotigen Stab, als Stuhlträger an der Seite ein Greif." Welcker.

### 423. (339 W) Relief.
Marmor. — Paris, Louvre.

Abgebildet Bouillon I, 75, 2. Clarac pl. 200, 26. Overbeck Atlas zur Kunstmythologie III, 15. Vergl. Fröhner Notice no. 7. Brunn Troische Miscellen (Berichte der Münchener Akademie 1868) p. 86 ff.

Auf einem viereckigen Stein sitzt Zeus, mit dem Scepter in der rechten Hand. Neben ihm Aphrodite, oberhalb nackt, welche die rechte Hand auf seine Schulter legt, und, nach der Weise der altertümlichen und hieratischen Kunst bekleidet, Kora mit einem Scepter. Die beiden Göttinnen streiten sich vor Zeus um Adonis.

Die Inschrift *Diadumeni* kann den Künstler nicht bezeichnen, sondern nur später zugefügt sein. Uebrigens zeigt das Relief manche auffällige Besonderheiten. Die den Raum nach oben abschliessende Leiste läuft auf das Capitell der Säule zur Linken auf, statt darauf zu ruhen, und der architektonische Abschluss zur Rechten mangelt, während die Composition vollständig scheint und eine Beschädigung an dieser Seite nicht angegeben wird. Dass die Einschnitte an der Leiste, wie dies gewöhnlich angenommen wird, einen aufgetragenen Maassstab, der angeblich bei der Ausführung der Sculptur nach einer gegebenen Vorlage bequem gewesen sein soll, anzeige, ist kaum glaublich. Man würde immer noch eher an eine ungeschickte Andeutung von Stirnziegeln denken können. Auch die Arbeit des Kopfes des Zeus, welcher als restaurirt nicht angegeben wird, erscheint, wenigstens in dem hier befindlichen Abguss, etwas verwaschen und unsicher.

### 424. (314ʰ W) Relief.
Abgebildet Mon. dell' Ist. 1856 Taf. 5. Overbeck Atlas zur Kunstmythol. I, 48. Vergl. Mon. ed. Annali dell' Ist. 1856 p. 29 ff. (E. Curtius).

Apoll, Athena, Nike und Zeus. Es ist nicht bekannt, wo sich das Original dieses Reliefs befindet; der Abguss ist aus Paris.

### 425. (348 W) Relief, die drei Mören.
Marmor. — Tegel.

Abgebildet Welckers Zeitschrift für alte Kunst Taf. 3, 10. Müller-Wieseler II, 72, 922. Vergl. Welcker a. a. O. p. 197 ff. Friederichs Bausteine no. 746. Stephani Compte-rendu pour 1869 p. 163.

Links sitzt Klotho spinnend; Lachesis zieht ein Loos aus dreien heraus; Atropos ist auf eine Rolle deutend restaurirt; der Globus ist neu.

### 426. (381 W) Relief.

Marmor. — Rom, Capitol.

Abgebildet Mus. Capitol. IV, 38. Vergl. Friederichs Bausteine no. 616.

Auf einer hohen Basis steht ein Götterbild, das in der vorgestreckten rechten Hand eine Schale, mit der Linken ein Scepter hält. Nach der Art des Kopfschmucks (vergl. Mus. Borbon. X, 55 Müller-Wieseler II, 56, 711. 717) könnte man geneigt sein, an einen Hermaphroditen zu denken, doch scheinen alle Körperformen männlich. Dabei zwei Figuren mit einer auf die Basis aufgestützten Leier; die zur Linken ist weiblich; die zur Rechten, in welcher man einen Hermaphroditen hat erkennen wollen, ist, wie es scheint, männlich. Eine sichere Deutung ist nicht gelungen. Vielleicht darf man vermuten, dass Apoll und eine Muse bei dem Bilde des Apoll vereinigt sind.

### 427. (353g W) Relief.

Marmor. — Paris, Louvre.

Abgebildet Bouillon III basrel. pl. 6. Clarac pl. 133, 111. Vergl. Fröhner Notice no. 204. O. Jahn Archäol. Beiträge p. 198 ff. Göttling Explicatio anaglyphi Parisini (Jena 1848).

In einem Gemach, hinter welchem im Hintergrund grosse Gebäude sichtbar werden, ruhen auf einem Lager ein jugendlicher Mann und eine Frau. Vor ihnen steht ein Tisch mit Speisen (unter diesen Früchte) und einem Trinkgefäss. Links liegen auf einem Schemel Theatermasken und Rollen. Der jugendliche Mann und die Frau wenden sich um nach dem in ihr Gemach hereintretenden Dionysos. Der Gott ist bärtig, wohlbeleibt, in der Erscheinung allerdings etwas weniger göttlich, Silenähnlicher, als man es erwarten sollte. Ein kleiner Satyr stützt ihn, während ein anderer ihm die Sandalen lösst. Ihm nach folgen ein Satyr, tanzend, einen grossen bebänderten Thyrsos tragend; dann Silen, trunken, die Doppelflöte blasend und dazu tanzend; ferner ein Satyr, und eine, eine zerstückte Ziege haltende Mänade, die von einem Silen angefasst wird.

Es scheint demnach die Einkehr des Dionysos bei einem seinem Cult ergebenen Sterblichen dargestellt, auch eine Beziehung auf die Komödie nicht wohl zu leugnen. Aber eine befriedigende Deutung der beiden Sterblichen ist noch nicht gefunden. Die üblichste Erklärung nennt sie Ikarios und Erigone.

### 428. (353h–k W) Reliefs von einer vierseitigen Basis.

Marmor. — Rom, Vatican.

Abgebildet Visconti Pio-Clem. IV, 25. 25a–c. Vergl. O. Jahn Archäol. Beiträge p. 152 ff. Friederichs Bausteine no. 780—782.

Die Basis hat zwei lange und zwei schmale Seiten; sie ruht auf vier Füssen in Form von Greifen, deren Flügel im Abguss zum Theil sichtbar sind. Sie ist oben und unten durch Ornamentstreifen abgeschlossen.

Langseite *a*: Einkehr des Dionysos (vergl. no. 427).

Langseite *b*: Zwei Eroten versengen klagend den Schmetterling. Links eine Kentaurin, auf deren Rücken eine Mänade; rechts ein Kentaur, auf dem ein leierspielender Satyr.

Schmalseite *c*: Ein Hirte melkt eine Ziege, während ein Mädchen das Thier am Kopf hält oder streichelt. Dabei auf einer Basis die Statue der Aphrodite oder Spes, und ein Baum. (Die zweite Schmalseite, welche hier fehlt, stellt eine andere ländliche Scene dar.)

### 429. (356 W) Relief.

„Dionysos von einem kleinen Satyr gestützt, Silen mit Krater und Fackel, Satyr mit einem Panther neben sich. Rondininisches Relief." Welcker.

### 430. (368 W) Relief.

Marmor. — Rom, Vatican.

Abgebildet Visconti Mus. Pio-Clem. IV, 28.

„Silen trunken hinfallend und von einem Satyr aus Leibeskräften gehalten; hinter ihm ein andrer Satyr mit Schlauch." Welcker.

### 431. (361 W) Relief.

Marmor. — Paris, Louvre.

Abgebildet Bouillon I, 75, 1. Clarac pl. 135, 134. Vergl. O. Müller Handbuch der Archäologie $^3$ p. 616.

„Bacchantin in fanatischer Ergriffenheit, religiös in Wahn, dabei sinnlich in der That, auf dem Altar des Gottes, was selbst ein höchstes Uebermaass anzeigt, mit dem einen Knie gestützt, indem sie sein Bild wie rasend emporschwingt. ... Die nebenstehende Herme ist als Priapus auf mehreren geschnittenen Steinen ausdrücklich bezeichnet. Das Idol findet sich auf diesen mit Helm und Schild, wenn nicht einem phrygischen Tympanon, auch Doppelflöten, anderwärts mit einem Thyrsus [?]". Welcker.

Es konnten in den verschiedenen ähnlichen Darstellungen sehr wohl verschiedene Götterbilder gemeint sein. In einigen ist Athena unzweifelhaft (Gerhard Ges. Abhandl. I Taf. 25, 8. Müller-Wieseler II, 45, 570); in unserm Relief ist das Idol wenigstens weiblich und behelmt. Die weibliche Gestalt, welche das Bild schwingt, wird demnach hier nur zur Bezeichnung des Charakters der Darstellung und uneigentlich eine Mänade genannt werden dürfen.

### 432. (363ᵈ W) Relief.
Marmor. — Rom, Villa Albani.
Abgebildet Zoega Bassiril. II, 87. Müller-Wieseler II, 40, 476. Welcker A. Denkm. II Taf. VI, 10. Vergl. ebd. p. 113 ff.

Zwei jugendliche Satyrn treten im Ringelschwenken Trauben aus. Ein anderer junger Satyr bläst dazu, tanzend, die Doppelflöte; ein Silen schleppt einen Korb mit neuen Trauben herbei.

### 433. (365 W) Relief.
„Ein Satyr im Tanzschritt, mit zurückgebogenem Kopf, den Kantharos ausgiessend, in der andern Hand den Thyrsos". Welcker.

### 434. (363ᶜ W) Satyr und Mänade.
Marmor. — Berlin.
Vergl. Verzeichn. der Bildhauerwerke (Berlin 1858) no. 427.

Zum Gegenstand vergl. Anc. marbl. in the Brit. Mus. II, 1. Mus. Borbon. V, 53.

### 435. (402ᵇ W) Relief.
„Auf einem Rund ein Knäbchen in einen grossen Becher hineingebückt um zu trinken. Aehnlich das trinkende Satyrbübchen Mus. Pio-Clem. IV, 31". Welcker. Vergl. Millin Gal. mythol. CXXI, 472*.

### 436. (356ᶜ W) Relief.
Marmor. — Neapel, Museo nazionale.
Abgebildet Mus. Borbon. III, 40. Winckelmann Monumenti inediti p. IX.

„Dionysos mit Thyrsos, sanft, wie auf eine feste Stütze, auf einen Satyr gelehnt, unter der lebhaftesten Musik einer Bacchantin mit Doppelflöten zu seiner Linken und einer Kymbalistria, die mit erhobenen Armen die Becken hoch über ihrem Kopfe zusammenschlägt, während unten zwei Satyrn, nach sehr verjüngtem Maassstabe, geschäftig sind. Auf die Kymbalistria folgt ein Satyr, der abgewandt einen schweren Krater auf der Schulter trägt. Vier Baumwipfel ragen über den Figuren hervor". Welcker.

### 437. (356ᵇ W) Unvollständiges Relief, Dionysos sitzend.
Marmor — Neapel, Museo nazionale.
Abgebildet Mus. Borb. XIII, 10.

### 438. (366 W) Bruchstück eines Reliefs.
Früher im Besitze des Bildhauers E. von der Launitz.

Es ist ein Theil eines männlichen, mit Efeu bekränzten Kopfs, vielleicht eines Satyrs und dahinter der Rest eines Baumes erhalten.

### 439. (304 W) Relief, von einer Scheibe.

Marmor. — Dresden.

Abgebildet Becker Augusteum II, 84. Vergl. Hettner Die Bildwerke der Antikensammlung (1859) no. 285. O. Jahn Archäol. Beiträge p. 201, 6.

„Dionysos der bärtige, Göttin mit Stephane und Silen in Masken. Dass diese Masken, eine sehr übliche Abbreviatur von Götterbildern, Theatermasken seien und Tragödie, Komödie und Satyrspiel bedeuten, ist ein beträchtlicher Irrtum des Herausgebers (des Augusteums)." Welcker.

„Auf der Rückseite eine Herme des Priapus, mit zwei Schellen am Phallus, und vor der Herme eine liegende Satyrmaske. Das Relief auf der Vorderseite ist, wie bei allen Denkmalen dieser Art, mehr herausgehoben als auf der Rückseite". Hettner.

### 440. (354ᵇ W) Relief.

„Zwei Masken, Silen und ein grosser jugendlicher Satyr, den Kopf mit einem Tuch umwunden". Welcker.

### 441. (355 W) Relief.

„Ein kleines Rund mit Masken von Silen und Satyr". Welcker.

### 442. (353ᶠ W) Relief.

Marmor. — Neapel, Museo nazionale.

Abgebildet Braun Antike Marmorwerke II, 5ᵇ. Mus. Borbon. XIV, 34. Müller-Wieseler II, 52, 664. Vergl. Stephani titul. graec. partic. V (Dorpat 1850) p. 25 ff. Orelli-Henzen 5760.

Eros und Anteros um die Palme streitend (vergl. Pausan. VI, 23, 5). Im Grund steht die nicht ganz vollständig erhaltene Inschrift

VIVS LEITVS NYMPHIS NITRODIS

VOT.SOL.L.ANI

also ... vius Leitus Nymphis nitrodis
vot(um) sol(vit) l(ibens) ani(mo)

### 443. (353ᵉ W) Relief.

Marmor. — Rom, Vatican.

Abgebildet Visconti Pio-Clem. IV, 12.

Eros mit Ebern fahrend, in der Rennbahn.

### 444. (379 W) Relief.
Marmor. — Rom, Vatican (?).

Eros, in der Hand einen Thyrsos haltend, sucht einen Panther von einem Gefässe mit Trauben wegzuziehen.

### 445. 446. (401. 402 W) Candelaberreliefs, Eroten in Arabesken.
Marmor. — Rom, Vatican.

Abgebildet Visconti Pio-Clem. VII, 39. B II, 3.

### 447. Bruchstück eines Reliefs.
Marmor. — München, Antiquarium.

Abgebildet Winckelmann Mon. ined. 162. Vergl. Jahresberichte der baierischen Akademie der Wissenschaften 1827—1829. Bericht II, p. 60 ff. (Thiersch.) Christ Führer durch das Antiq. p. 48.

Winckelmann hielt eine Deutung für unmöglich. Thiersch vermutete, dass der Greis, dessen Haupt mit einer Binde geschmückt ist, Priamos sei, mit dem die anderen Troischen Greise am skäischen Thor versammelt seien; ihre Aufmerksamkeit gelte der Helena.

### 448. (392ᵇ W) Relief, Komödienscene.
Marmor. — Neapel, Museo nazionale.

Abgebildet Mus. Borbon. IV, 14. Wieseler Theatergebäude und Denkmäler des Bühnenwesens Taf. 11, 1. Vergl. ebd. p. 81 ff.

Die Situation, welche sonderbarer Weise missverstanden worden ist, ist folgende: Ein Jüngling kommt von rechts her, jubelnd und angetrunken; er erhebt mit der rechten Hand die Binde, die ihn beim Gelage geschmückt hat. Seine Begleitung bilden eine Flötenspielerin und sein Sklave. Dieser letztere allein bemerkt eben das Unheil das von der anderen Seite her droht und sucht seinen Herrn, den er, wie es scheint, auch stützen muss, vom weiteren Vorwärtsschreiten zurück zu halten. Links nemlich naht sich der Vater des Jünglings: er hat eben seinen Sohn in solchem Aufzug bemerkt und will zornig auf ihn losfahren, während ein anderer Mann, also ein Freund oder Nachbar, ihn zurück zu halten strebt.

### 449. (402ᵉ W) Relief.
Marmor. — Rom, Vatican.

Abgebildet Visconti Pio-Clem. V, 33. Vergl. Friederichs Bausteine no. 931.

Ein Landmann, der an dem Stab über der Schulter zwei Gänse trägt, ist mit Kuh und Kalb, die er mit sich treibt, auf seinem Wege zu einem ländlichen Heiligtum gekommen, vor dem, unter dem Schatten eines Baumes, aus einem Brunnen

Wasser in ein Becken fliesst. Die Kuh nähert den Kopf dem Becken, um zu saufen; das Kalb saugt an ihrem Euter. Der Landmann hat in der rechten Hand einen Zweig mit Blättern, den er der Kuh zu fressen geben will. — Zum Gegenstand vergl. Lützow Münchener Antiken Taf. 38.

### 450. (391[b] W) **Relief, Circusfahrer.**

Marmor. — Rom, Vatican (?).

### 451. (402[d] W) **Relief.**

„Ein Karren (plaustrum), worauf ein zufriedenes und zärtliches Paar ältlicher Bauersleute und der stark arbeitende Fuhrmann". Welcker.

### 452. (353 W) **Bruchstück eines Reliefs.**

„Eileithyia, die Lende des Zeus vom Dionysos entbindend. Nur das eine Bein des Zeus bis an das Knie ist erhalten und ein Flügel des Adlers, der über ihm schwebte, vielleicht angstvoll ihn umflatternd [?], und von dem Kinde nur das Händchen angelegt an dem Knie der Eileithyia. Hermes, als Kinderwärter der Götter und insbesondere des Dionysos bekannt, steht seines Berufes gewärtig daneben und sieht aufmerksam und wie verlegen zu. Diese Vorstellung, die ich mich nicht erinnere irgendwo erwähnt, viel weniger edirt gefunden zu haben, schliesst sich denen an, die in der Zeitschrift für alte Kunst S. 518 erläutert sind". Welcker (1827).

Das Bruchstück, welches mit dem Relief bei Müller-Wieseler II, 34, 392 zu vergleichen ist, ist in dem jetzigen Zustand mindestens in der Figur des Hermes schwerlich durchaus antik.

### 453. (378 W) **Theil eines Reliefs, modern.**

Marmor. — Rom, Vatican.

Abgebildet Pistolesi Il Vaticano descritto V, 32, 2.

### 454. (369[b] W) **Relief, modern.**

Weibliche Figur auf einem Seepferd; sie hält einen Eros an der Hand.

### 455. (353[c] W) **Relief, modern.**

Eine Frau, oberhalb unbekleidet, sitzt auf einem Stuhl. Sie lehnt den rechten Arm auf ein Gefäss; mit der linken Hand erhebt sie ein Gewandstück.

### 456. (356[d] W) **Relief.**

Terracotta.

Abgebildet Campana Opere in plastica II. 33. Anc. Terracottas in the Brit. Mus. 21.

„Dionysos und ein Satyr, der eine Amphora auf der Schulter trägt und eine Fackel nach unten hält". Welcker.

### 457. (356ᵉ W) Relief.
Terracotta. — Rom, Villa Albani.

Abgebildet Zoega Bassiril. II, 79. Vergl. Friederichs Bausteine no. 643.

Silen, von Eros gestützt; voran schreitet eine Mänade das Tympanon schlagend.

### 458. (353ⁱ W) Relief.
Terracotta. — Rom, Vatican.

Abgebildet Winckelmann Mon. ined. 53. Millin Gal. myth. 67, 232. Vergl. Campana Opere in plastica II, 50. Anc. Terrac. in the Brit. Mus. 44. Müller-Wieseler II, 35, 414.

„Das Bacchuskind in der Wanne geschwenkt (in dem λίκνον, woher der Gott Liknites genannt wird Hesych. Serv. in Georg. I, 166) von Satyr und Mänas, ein wiederholt vorkommender Typus". Welcker.

### 459. (402ᵉ W) Bruchstück eines Reliefs.
Terracotta.

Vergl. Campana Opere in plastica II, 42. Anc. Terracottas in the British Mus. 31.

Ein Satyr neigt den Kopf über ein Becken um daraus zu trinken. Als Wasserspeier dient ein Löwenkopf.

### 460. (363ᵇ W) Relief.
Terracotta.

Abgebildet Campana II, 108 B (appendice).

Mänade auf Panther. Die Vergleichung des Motivs mit demjenigen der Dannekerschen Ariadne ist lehrreich.

### 461. (402ᵍ W) Bruchstück eines Reliefs.
Terracotta.

Vergl. Campana Opere in plastica II, 44.

### 462. (377 W) Relief, Nike einen Stier opfernd.
Terracotta.

Abgebildet Combe Anc. Terracottas of the Brit. Mus. 26. Vergl. Archäol. Zeitung 1850 p. 18 (O. Jahn).

### 463. Bruchstück eines Reliefs.
Terracotta.

Vergl. Winckelmann Mon. ined. 127. Campana Opere in plastica II, 68. Anc. Terracottas in the Brit. Mus. 20.

Aegeus entzieht Theseus die Schale mit Gift, die er ihm, ehe er ihn erkannt, auf Medeas Rat gereicht hatte.

### 464. (385ᵇ W) Relief.
Terracotta. — Rom, Villa Albani.

Abgebildet Winckelmann Mon. ined. Titelblatt. Vergl. Campana Opere in plastica I, 5. Anc. Terracottas in the Brit. Mus. 16.

Auf Argos, der an der Argo meisselt, und Tiphys, den Athena das Segel ausspannen lehre, oder auf Athena Ergane als Erfinderin des Schiffes und auf Danaos gedeutet.

### 465. (375 W) Relief, Herakles mit dem Löwen.
Terracotta.

Vergl. Campana I, 22.

„Im Besitz des Herrn von der Launitz, zugleich mit andern dazu gehörigen Gruppen, Stier und Hydra, in bestem griechischen Styl, wie gewöhnlich die an römischen Tempeln und Häusern gebrauchten Thonverzierungen: Man fand sie an den Mauern eines Gebäudes von Roma vecchia, unfern von Rom, im Besitz von Torlonia, welcher das Haus, wovon die Bauern schon viele Fragmente der oft wiederholten Typen als Backsteine gebraucht und an Fremde verkauft hatten, abtragen liess". Welcker.

### 466. (374 W) Relief.
Terracotta.

Abgebildet Campana II, 61. Archäol. Zeitung 1851 Taf. 26. Vergl. ebd. 289 ff. (Stark).

Herakles, einen Stier schleppend; die Hore des Winters, erlegtes Jagdthier tragend.

### 467. (378ᵇ W) Relief.
Terracotta. — Rom, Villa Albani.

Abgebildet Zoega Bassiril. II, 95.

Die Hore des Frühlings mit einem Gefäss voll Beeren (?) und Blättern, und einem Zicklein; die Hore des Sommers mit Blumen, Aehren und einem Blumengewinde in den Händen.

### 468. (431 W) Modernes Relief.
Vergl. Zoega Bassiril. II, 83. 84.

Horen und Mänaden. Zusammenstellung verkleinerter Nachbildungen antiker Relieffiguren.

### 469. (385 W) Relief.
Terracotta.

Abgebildet Campana Opere in plastica II, 66. Terracottas in the Brit. Mus. 34. Vergl. Stephani Compte-rendu pour 1861 p. 127 ff.

Für Pelops und Hippodamia, und für Paris und Helena erklärt.

### 470. (402ʰ W) Bruchstück eines Reliefs.
Terracotta.

### 471. (402ᶠ W) Bruchstück eines Reliefs.
Terracotta (?).

### 472. Modernes Relief.
Terracotta.

Abgebildet Archäol. Zeitung 1861 Taf. 152. Vergl. ebd. p. 174 f. (Gerhard.) Jahns Jahrbücher 1863 p. 289 ff. (G. Krüger.) Archäol. Zeitung 1862 p. 317* (G. Krüger). 1863 p. 134* f. (G. Krüger. Helbig.) 1867 p. 76* (Conze).

### 473. Kopf eines Daciers, colossal.
Marmor. — Rom, Vatican.

Abgebildet Mus. Chiaramonti II, 47. Vergl. Friederichs Bausteine no. 829.

### 473ᵃ. Kopf eines Daciers, colossal.
Marmor. — Rom, Vatican.

### 474. Kopf eines Daciers, colossal.
Marmor. — Rom, Vatican.

Abgebildet Pistolesi Il Vaticano descritto IV, 29.

### 475. Proben der Reliefs an der Traianssäule.
Marmor. — Rom.

Abgebildet Bartoli Colonna Traiana 51—53.

### 475ᵃ⁻¹. Kleine Stücke ebendaher.

### 476. (406 W) Relief, Kopf eines römischen Kriegers.
Marmor. — Rom.

Vergl. Bellori Arc. triumph. 39 ff.

Am Constantinsbogen, aus traianischer Zeit.

### 476ᵃ. (404 W) Relief, modern (?).

„Ein kleines Rund mit der Bekränzung eines Imperator durch eine Stadtfigur". Welcker.

### 477. (51 W) Narkissos (?).
Marmor. — Rom, Capitol.

Abgebildet Mus. Capitol. III, 56. Bouillon II, 49. Clarac pl. 947, 2426. Vergl. Welcker A. Denkm. V p. 90 ff. Wieseler Narkissos p. 48 ff. Friederichs Bausteine no. 753.

Meist Antinous genannt. „Unleugbar ist es, dass das

Bild, wenn die Neigung des Hauptes bei einer übrigens ruhig hinstehenden Figur, nicht irgend etwas bestimmtes sagen sollte, von dem Vorwurf des Gesuchten oder Seltsamen in der Haltung nicht frei zu sprechen wäre . . . . . . . .
Wir haben nicht ein idealisirtes Porträt vor uns, sondern ein Ideal so zu sagen, ein Musterbild des schönen, lieblichen Jungen der aller Jugend gefährlich ist, den Kopf bedeckt mit einer reizenden Fülle der geschmeidigsten Löckchen, die eben so sehr von dem dichten und krausen Haar eines Hercules, als von den schlichten Haaren des Antinous verschieden sind". Welcker. — Eine gewisse Erinnerung an Antinous ist nicht zu leugnen; es ist wohl denkbar, dass ein Künstler hadrianischer Zeit in die Darstellung einer mythischen Persönlichkeit eine Erinnerung an Antinous hineingetragen habe. (Vergl. no. 478.)

### 478. (13 W) Gruppe von Ildefonso.

Marmor. — Madrid.

Abgebildet Mongez Iconographie romaine III, 39, 1. Müller-Wieseler II, 70, 879. Vergl. Hübner Die ant. Bildw. in Madrid p. 73 ff. no. 67. Visconti Opere varie I p. 156 ff. Wieseler Narkissos p. 60 ff. Friederichs Bausteine no. 755.

Diese berühmte, früher viel bewunderte Gruppe hat zu einer ganzen Reihe von Deutungen Anlass geboten, unter denen nur die auf Winckelmann, Lessing und Visconti zurückgehenden zu nennen sind.

Winckelmann glaubte Orest und Pylades, in der kleinen Figur Elektra dargestellt.

Die Lessingsche Deutung ist vielfach und besonders von Welcker angenommen und ausgeführt worden: „Hypnos und Thanatos, Schlaf und Tod, mit einem Bilde der Kora, zur Andeutung des Gebietes wohin die beiden Jünglinge gehören. . . . . . . Dass man mit abgewandtem Gesicht die Fackel an den Scheiterhaufen der Seinigen legte, sehe ich als allgemeinen und bekannten Gebrauch angenommen. Man muss sich denken, dass dazu nur eine Fackel gebraucht wurde und so wird die Sache auch von Schriftstellern ausgedrückt: und auf zwei Todte die zwei Fackeln zu deuten, geht bei einer symbolischen Gruppe, die ohne bestimmte besondere Beziehung ist, nicht an. So bleibt also manches unklar. Um indessen die vermutete Intention, die bedeutsam und gefällig ist, aufzugeben, muss man sich zuvor fragen, was ausserdem irgend in der Bewegung beider Arme des Todes, die doch nicht rein zufällig ist, für ein Sinn liegen könne. Durch diese besondere Action ist die Figur von dem einzeln ruhig dastehenden Todesschlaf offenbar unterschieden; darum scheint es auch, dass die gesenkte Fackel und der Altar, die sie mit diesem gemein hat, wenigstens die Fackel in einem andern und besondern Sinn aufgefasst werden dürfe. Uebrigens ist die Handlung nicht entschieden und vollständig ausgedrückt. Dafür den Grund in dem Unvermögen des Künstlers zu suchen ist nicht ratsam, obgleich er grosse Erfindsamkeit nicht verrät: denn in der Gruppirung hat er Orestes und Pylades [die Gruppe im Louvre aus Villa Borghese], in der Figur des Schlafes ein anderes altes und berühmtes Werk, den Apollon Sauroktonos [no. 213], im Gesicht des Todes den rührend untergegangenen Antinous nachgeahmt. Es fragt sich also, ob eine bestimmte Nachahmung wirklicher Handlung vielleicht für zu grell und für störend bei einem Götterbild gehalten wurde: ob vielleicht der Künstler blos andeuten wollte, dass der Tod auf den Scheiterhaufen bringt, den Scheiterhaufen entzündet, wie man etwa nach Euripides in der Alkestis darstellen könnte, dass er seinen Opfern das Stirnhaar abschneidet".

Visconti erklärte die Gruppe für die Apotheose des Antinous. Hermes, der ihn in den Olymp einführe, opfere mit ihm gemeinsam der Nemesis. Von Viscontis Deutung des einen Jünglings auf Antinous ausgehend, hat man dann vielmehr die Todesweihe des Antinous durch irgend einen Dämon, der ihn der Persephone opfere, finden wollen.

Die öfter bemerkte Analogie mit den Gruppen welche Orest mit Pylades und Orest mit Elektra darstellen, würde an sich auf dieselbe Schule und dieselbe oder eine nicht weit davon entfernte Zeit der Entstehung, und auf einen verwandten, der Tragödie entnommenen Stoff der Darstellung hinführen. Es würde vielleicht nicht unmöglich sein mit der Winckelmannischen Deutung der Hauptfiguren das Idol, welches man als Kora bezeichnen zu dürfen glaubt, zu vereinigen.

Aber der Kopf des sich anlehnenden Jünglings ist unleugbar ein Antinouskopf. Allerdings ist die Gruppe so vielfach gebrochen und restaurirt, dass Rumohr sie für ein *pasticcio* hielt. Aber spätere Untersuchungen haben diese Ansicht nicht bestätigt; nach dem letzten ausführlichen Bericht von E. Hübner sind alle wesentlichen Theile der Gruppe gesichert und auch der Antinouskopf bestimmt zugehörig. Danach würden nur zwei Möglichkeiten bleiben. Entweder wird eine Modification der an sich nicht befriedigenden Viscontischen Deutung anzunehmen sein; oder der Künstler hat in die Darstellung eines mythischen Stoffes das Antinousideal absichtlich hineingetragen. (Vergl. no. 477).

### 479. (321 W) Amazonensarkophag.

Marmor. — Wien.

Abgebildet Bouillon II, 94^(a.b). Vergl. Sacken und Kenner Die Antiken des k. k. Münzcabinets p. 41 no. 167. Friederichs Bausteine no. 783.

Im Abguss sind nur die Vorderseite und eine Nebenseite vorhanden. An dem Original sind auf den beiden entsprechenden Seiten dieselben Compositionen mit geringen Veränderungen wiederholt. — Es „ist die Vortrefflichkeit der Ausführung einer Composition würdig, welche in so schönen symmetrischen Verhältnissen eine so grosse Mannigfaltigkeit umfasst und in so engen Schranken des Raums so viel That und Leben einschliesst. Auf allen Punkten zeigt sich der Charakter der Einfalt und Gediegenheit; Anmut ist über das Schaurige verbreitet, ohne dass das Gefällige der Kraft Abbruch thut". Welcker.

### 480. (323 W) Sarkophagrelief, Kindheit des Dionysos.

Marmor. — Rom, Capitol.

Abgebildet Mus. Capitol. IV, 60. Vergl. Friederichs Bausteine no. 785.

Rechts wird das Kind Dionysos von den Nymphen gewaschen; dabei eine Mänade, die Becken schlagend, und eine Frau, welche Opfergaben darzubringen scheint. — Ein Satyrknabe wird von einem Silen geschlagen, weil er aus dem am Boden liegenden Weinschlauch getrunken hat; ein anderer Satyr führt die gefüllte Schale zum Mund. — Der Knabe Dionysos wird mit der ihm eigenen Tracht ausgerüstet. Die Nebris ist ihm schon umgehängt; ein Satyr zieht ihm eben den zweiten Stiefel an. Dabei hält sich der kleine Gott mit der rechten Hand an dem Kopf des Satyrs, mit der Linken an einem Baum. Eine Mänade schmückt sein Haupt mit einer Binde. Andere Figuren seines Gefolges sehen ihm aufmerksam und vergnügt zu. — Zum Gegenstand vergl. den Sarkophag in München (Brunn Beschreibung der Glyptothek no. 116). Archäol. Zeitung 1846 Taf. 38. Schöne Griech. Reliefs Taf. 37, 149 p. 70.

### 481. (322^b W) Sarkophagrelief, Raub der Leukippiden.

Marmor. — Früher in Rom, in Villa Medici.

Abgebildet Winckelmann Mon. ined. 61. Vergl. Archäol. Zeitung 1852 p. 433 ff. (Bursian).

Kastor und Polydeukes, welche an den spitzen Hüten kenntlich sind, haben Hilaira und Phoebe ergriffen. Dabei zwei fliehende Frauen, davon eine vermutlich die dritte Schwester Arsinoe, die andere eine Genossin oder vielleicht die Mutter, Philodike. — Links ist ein jugendlicher Held mit einem bärtigen Manne im Kampf, also Idas und ein Genosse der Dioskuren. Rechts hat ein bärtiger Krieger, vermutlich Leukippos, gerade eben bemerkt, was vorgeht.

Die Vorderseite ist von den Nebenseiten durch je eine Eckfigur getrennt. Diese Eckfiguren sind geflügelte Mädchen mit Lorbeer(?)gewinden in den Händen. Solche Figuren kommen mehrfach ähnlich vor; sie sind ursprünglich als Niken gedacht, und wenn sie öfter in anderem Sinne scheinen verwendet worden zu sein, so liegt doch hier kein Grund vor, sie nicht als Niken zu bezeichnen.

Auf der linken Nebenseite ist die Scene einer Vermälung dargestellt; auf der rechten Hermes Psychopompos, eine Verstorbene wegführend.

### 482. (322ᵉ) **Theil eines Reliefs.**

Die Mittelfigur des vorigen Reliefs no. 481 von einem anderen Exemplar, grösser und schöner.

### 483. (322ᶜ W) **Sarkophagrelief.**

Marmor. — Paris, Louvre.

Abgebildet Mus. Capitol. IV, 26—28. Bouillon I, 77a. b. Clarac pl. 205, 45. Vergl. Fröhner Notice no. 378. Annali dell' Ist. 1871 p. 32 ff. (Trendelenburg).

Auf der Vorderseite die neun Musen, welchen man die folgenden Namen beizulegen pflegt (von links anhebend): Klio Thalia Terpsichore Euterpe Polymnia Kalliope Erato Urania Melpomene.

Auf der linken Querseite Sokrates und eine weibliche Gestalt, die man Mnemosyne genannt hat. In der Darstellung der rechten Seite hat man früher Homer mit einer Muse erkennen wollen; Fröhner vermutet es sei Platon und Kalliope.

### 484. (322ᶜ W) **Sarkophagrelief.**

Marmor. — Rom, Capitol.

Abgebildet Mus. Capitol. IV, 24. Righetti Il Campidoglio I, 140. Vergl. O. Jahn Archäol. Beitr. p. 51 ff.

Endymion ruht im Schoosse des Schlafs. Auf ihn zu schreitet Selene, von einem Knaben mit erhobener Fackel (Hesperos als Hymenäos) vorwärts geführt. In dem Wagen, den Selene verlassen, steht ein Eros; ein anderer hält die Zügel der beiden Pferde. Ueber Hesperos, im Hintergrund, liegt der Berggott Latmos auf Selene herabschauend und auf Endymion hindeutend. Neben dem schlafenden Endymion sitzt sein Schäferhund. Weiter links, neben dem Baum, ist eine Priaposherme angebracht.

Es ist von verschiedenen Seiten, und zwar unabhängig, der Verdacht geäussert worden, dieses sehr anmutig gedachte Relief sei eine neuere, vielleicht der Renaissance angehörige Arbeit mit Benutzung bekannter antiker Motive. In der That bietet die Arbeit manches auffällige, besonders an den beiden Enden des Reliefstreifens. Der bei Righetti abgebildete Deckel ist mit rohem Relief (Seegeschöpfe) verziert und zeigt in späten Buchstaben die Inschrift

·D·M·
GERONTIAE
FILIAEKRM

Nach einer gütigen Mittheilung von Prof. Henzen ist diese Inschrift trotz der ungewöhnlichen Abkürzung K*a*R*issi*M*ae* unverdächtig, der Deckel von anderem Marmor als der Sarkophag aber schon von antiker Hand mit diesem verbunden, der Reliefstreifen am Sarkophag selbst ohne Restauration. Demnach ist jener Verdacht nicht begründet.

### 485. (322ᵍ W) Nebenseite eines Sarkophags.

Alabaster. — Rom, Villa Albani.

Abgebildet Zoega Bassiril. I, 53.

„Poseidon beherrscht mit seinem Blick einen aus seiner Grotte hervorschiessenden Seedrachen. Zoega nennt diese pistrix Charybdis. Sie ist auch an dem schönen Thron des Neptun in Ravenna". Welcker.

### 486. (367 W) Satyrmaske, von einem Sarkophagdeckel.

### 487. (400 W) Eine Seite von der Ara des Augustus.

Marmor. — Rom, Vatican.

Abgebildet Raoul-Rochette Mon. inéd. pl. 69. Vergl. ebd. p. 389 ff. Annali dell' Ist. 1862 p. 305 ff. (Jordan).

Das weisse Mutterschwein von Lanuvium mit den Ferkeln; dabei nach Raoul-Rochette rechts Aeneas, links die cumäische Sibylle.

### 488. (398 W) Ara Casali.

Marmor. — Rom, Vatican.

Abgebildet Wieseler Die Reliefs der Ara Casali (Göttingen 1843). Vergl. Friederichs Bausteine no. 791 ff.

(a) Die Ara ist geweiht worden von Ti. Claudius Faventinus. Die Inschrift steht auf der Vorderseite innerhalb eines Eichenkranzes. Unten Mars und Venus in den von Vulcan bereiteten Fesseln; dabei zwei Amoren. Oben Sol und Vulcan.

(b) Urteil des Paris. — Kampf um einen gefallenen (Troer?), dabei Minerva. — Kampfscene.

(c) Zwei Viergespanne. Das zweite ist das des Achill, der geschleifte Todte Hektor. In dem Thor werden Troer sichtbar; heraus eilt klagend Andromache. — Procession; man vermutet, dass sie die Bestattung Hektors ausdrücken solle.

(d) Mars schreitet auf die schlafende Rhea Silvia zu; neben ihr der Flussgott Tiberis. — Links der Tiber; Rhea mit den Zwillingen; zwei Hirten. — Aussetzung der Zwillinge: Mars Victor, Hirten, die Zwillinge, der Tiber, Faustulus (?). — Die Wölfin mit den Zwilligen; dabei zwei Hirten.

Die Darstellungen beziehen sich demnach auf die Gründung Roms, auf die Geschicke Troias, welche diese Gründung veranlasst haben, und auf die Stammgottheiten Mars und Venus. Im einzelnen ist die Deutung oft unsicher weil der Verfertiger selbst einzelne Züge der Sage missverstanden zu haben scheint oder es ihm wenigstens nicht gelungen ist sich deutlich zu machen. Die Arbeit ist ungeschickt.

### 489. Männlicher Porträtkopf*).

Marmor. — Madrid.

Abgebildet Gaattani Mon. ined. 1784. Maggio II. Overbeck Gesch. der griech. Plastik I² p. 165. Vergl. Hübner Die antiken Bildwerke in Madrid p. 110 no. 176. Friederichs Bausteine no. 55. Göttinger gelehrte Anz. 1870 p. 1567 f. (Benndorf).

Die Inschrift ΦΕΡΕΚΥΔΗΣ ist modern.

### 490. Männlicher Porträtkopf.

Marmor. — Rom, Villa Albani.

Vergl. Bullett. dell' Ist. 1841 p. 87 f. (Brunn.) E. Braun Ruinen und Museen p. 707 f. no. 110.

Nach der Vermutung Brunns Pisistratos.

### 491. (205 W) Männlicher Porträtkopf.

Marmor. — Rom, Vatican.

Abgebildet Mus. Chiaram. III, 17. Visconti Iconogr. grecque 14, 3. 4.

Von Visconti Themistokles genannt.

### 492. Männlicher Porträtkopf.

Marmor. — Paris, bei dem Marquis Pastoret.

Abgebildet Archäol. Zeitung 1868 Taf. 1. Vergl. ebd. p. 1 ff. (Conze). Friederichs Bausteine no. 525.

---

*) Polyb. VI, 53 ... τὸ γὰρ τὰς τῶν ἐπ' ἀρετῇ δεδοξασμένων ἀνδρῶν εἰκόνας ἰδεῖν ὁμοῦ πάσας οἱονεὶ ζώσας καὶ πεπνυμένας τίν' οὐκ ἂν παραστήσαι; τί δ' ἂν κάλλιον θέαμα τούτου φανείη;

### 493. (207 W) Maske, von einer Porträtstatue.

Marmor. — Rom, Vatican.

Abgebildet Bouillon II, 23. Visconti Pio-Clem. II, 43. Vergl. Friederichs Bausteine no. 502.

Von Visconti Phokion genannt.

### 494. Männlicher Porträtkopf.

Marmor. — Rom, Capitol.

Abgebildet Mon. dell' Ist. V, 4. Vergl. Annali 1849 p. 94 ff. (Melchiorri.) Welcker A. Denkm. I p. 483 f. V p. 96. Friederichs Bausteine no. 506.

Von Melchiorri, welchem Welcker beizustimmen geneigt war, Aeschylos genannt.

### 495. Männliche Porträtstatue.

Marmor. — Rom, Villa Borghese.

Abgebildet Mon dell' Ist. VI, 25. Vergl. Annali 1859 p. 155 ff. (Brunn.) O. Jahn Dichter auf Vasenbildern (Abh. der sächs. Gesellsch. der Wissensch. VIII. 1861) p. 726 ff. Friederichs Bausteine no. 511.

Von Brunn Anakreon genannt.

### 496. Männliche Porträtstatue.

Marmor. — Rom Villa Borghese.

Vergl. Bullettino dell' Ist. 1860 p. 2. (Brunn) 1867 p. 135. (Helbig). Friederichs Bausteine no. 512. Stephani Compte-rendu pour 1869 p. 149 ff.

Man hat dieser Figur die Namen Tyrtäos, Alkäos, Pindar beilegen wollen.

### 497. Statue des Sophokles.

Marmor. — Rom, Lateran.

Abgebildet Benndorf und Schöne Die ant. Bildw. im lateran. Mus. Taf. 24. Vergl. ebd. p. 153 ff. no. 257. Welcker A. Denkm. I p. 455 ff.

„In dem Dichter das 'Muster des vollkommenen Manns', die Sicherheit hoher geistiger Bedeutung, den Adel ungetrübter männlicher Schönheit zu gestalten: das ist es augenscheinlich was der Künstler in seinem Werke erstrebte und was ihm schon in den grossen Zügen der Hauptanlage zu erreichen gelang. Die schlichte Stellung des Körpers, welcher fast genau in der Linie des Standbeins ruht, die natürliche Bewegung des anderen, vorgesetzten Beines, die bequeme Ruhe des rechten Arms und der kräftig eingestemmte linke Arm, die bedeutungsvolle Haltung des wenig erhobenen Kopfes, die edlen Verhältnisse endlich der in jeder Hinsicht völligen Gestalt vollenden das Bild eines Mannes, der weder schüchtern noch anspruchsvoll, in ruhigem Selbstbewusstsein, in der edelsten Mischung von Stolz und Bescheidenheit sich darstellt als der frei und harmonisch durchgebildete καλὸς κἀγαθός".

„.... Eine hohe und breite Stirn, gemildert durch das etwas vorfallende Haar, trägt die Spuren reicher Erfahrung, auch des Schmerzes; milde und phantasievoll schauen unter ihr die Augen hervor, welche von Bildern nicht der Aussen- sondern der Innenwelt beschäftigt scheinen; durch den tief herabgehenden, deutlich eingeschnittenen Augenknochen eng umschrieben und von den Schläfen scharf getrennt, gewinnen sie einen hohen Ernst und eine ruhige Würde. Den kräftigen Backen entspricht die Breite des Untergesichts, auch diese gemildert durch die Anordnung des Bartes, der in scharf gezeichneten Locken nach der Mitte vorgelegt ist. Von hoher Anmut endlich ist der Mund, in dem der Ausdruck reinen Wohlwollens und einer schönen Sinnlichkeit lebt; doch auch hier ist der Weichheit ein eigener Ernst verliehen durch die scharfen und strengen Linien, in denen der Bart von den Mundwinkeln herabgeht .... So ragt über dieser in sich gegründeten und gerundeten Gestalt das Antlitz eines Mannes herauf, in welchem liebenswürdige Anmut der Natur neben dem Ernst der Arbeit und der Erfahrung, Tiefe der Phantasie und das freieste Wohlwollen neben der Energie männlicher Kraft und männlichen Willens steht — und alle diese reichen Elemente in der Durchdringung und dem Einklang, wie es nur dem ganzen Manne auf der glücklichen Höhe eines reichen Lebens gegönnt ist". Benndorf und Schöne.

Der Ausdruck der Physiognomie „ist eben so heiter klar als ernst und tiefgeistig; das Seherische des Dichters verbindet sich mit der verständigsten Durchbildung des ausserordentlichsten Zeitalters, des reichsten und thätigsten Geistes. Es sprechen sich Talent, Verstand, Meisterschaft, Adel und innere Vollendung in sich aus; dagegen nicht entfernt eine dämonische Begeistrung und Kraft, eine hohe Originalität, nichts von dem was dem höchsten Genius zuweilen auch äusserlich das Gepräge des Ausserordentlichen aufdrückt. So ist es möglich, im Anblick dieses zuverlässigen Bildes sich in den Geist des Dichters und das eigentümliche seiner vollendeten Bildung zu versenken, sich ihrer gewissermassen im Anschauen der Person selbst zu vergewissern." Welcker.

**498. (185 W) Euripides.**

„Alexander Aetolus (bei Gell. XV, 20) schildert ihn:
Ὁ δ' Ἀναξαγόρου τρόφις ἀρχαῖον στρυφνὸς μὲν ἔμοιγε
προσειπεῖν,
Καὶ μισογέλως καὶ τωθάζειν οὐδὲ παρ' οἶνον μεμαθηκώς,

Ἀλλ' ὅ τι γράψαι, τοῦτ' ἂν μέλιτος καὶ Σειρήνων ἐτε-
τεύχει.

Suid. σκυθρωπὸς δὲ ἦν τὸ ἦθος καὶ ἀμειδὴς καὶ φεύ-
γων τὰς συνουσίας. Vita: ἐλέγετο δὲ καὶ βαθὺν πώγωνα
θρέψαι καὶ ἐπὶ τῆς ὄψεως φακοὺς ἐσχηκέναι". Welcker.

### 499. (48 W) Statuette des Euripides.
Marmor. — Paris, Louvre.

Abgebildet Bouillon III stat. 18, 1. Clarac pl. 294, 465. Vergl. Welcker Griech. Trag. II p. 444 ff. C. I. Gr. III, 6047. Friederichs Baust. no. 505. Fröhner Inscript. gr., mus. du Louvre no. 121.

An der Basis ist ein Theil des Namens ΕΥΡΙ[πίδης erhalten. Auf der Platte stehen die Titel der euripideischen Tragödien.

### 500. (144 W) Männlicher Porträtkopf.
Vergl. Visconti Iconogr. grecque 32. Brunn Beschreibung der Glyptothek no. 155.

Einer der von Visconti Hippokrates genannten Köpfe.

### 501. Statuette des Platon.
Marmor. — England (?).

Abgebildet Mon. dell' Ist. III, 7. Vergl. Annali 1839 p. 207 ff. (E. Braun).

An der Seite steht die Inschrift Π]ΛΑΤΩΝ.

### 502. Statuette des Diogenes.
Marmor. — Rom, Villa Albani.

Abgebildet Visconti Iconogr. grecque 22, 5. Vergl. Friederichs Bausteine no. 517.

### 503. (198 W) Isokrates.
Marmor. — Rom, Villa Albani.

Abgebildet Visconti Iconogr. grecque 28, 3. 4.

Mit der Inschrift ΕΙΣΟΚΡΑΤΗ[ς.

### 504. (196 W) Demosthenes.
Marmor. — Paris, Louvre.

Abgebildet Visconti Iconograph. grecque 29, 1. 2. Clarac pl. 1078, 2930.

„Die angezogene Unterlippe erinnert daran, dass Demosthenes das Stammeln zu überwinden gehabt hat; und es ist bemerkt worden, dass Michel Angelo auf ähnliche Art den Mund seines Moses gebildet hat. Visconti fasst die Gesichtsbildung des Demosthenes als nicht einnehmend auf, sie verspreche keinen liebenswürdigen Charakter. Hierin werden ihm gewiss nicht alle beistimmen, wenigstens nicht in anderm

Sinne, als dass der Ausdruck des grössten Verstandes und hoher Selbständigkeit mit einem besonders gefälligen Wesen überhaupt nicht durchaus vereinbarlich ist". Welcker.

### 505. (49 W) Statue des Aeschines.

Marmor. — Neapel, Museo nazionale (aus Herculaneum).

Abgebildet Mus. Borbon. I, 50. Clarac pl. 843, 2136. Vergl. Atti dell' accademia pontificia VI p. 249 ff. (Vescovali) mit Abbildung. Friederichs Bausteine no. 515.

### 506. Kopf von einer Statue des Aristoteles.

Marmor. — Rom, Palazzo Spada.

Abgebildet Guattani Mon. ined. 1805 Taf. 35. Visconti Iconogr. grecque 20. Clarac pl. 848 A, 2139. Vergl. Archäol. Zeitung 1861 p. 210 f. (Wachsmuth).

Die Benennung ist durch die Inschrift ΑΡΙΣΤΓ⎯ / _ welche nur Ἀριστοτέλης gelesen werden kann, gesichert.

„Wie man gesagt hat, dass Aristoteles auf der Grenzscheide beider Welten stehe, so erscheint sein Kopf von der Statue getrennt gedacht nicht hellenisch. Ein Gegensatz mit der vornehmen Erscheinung Platons scheint beabsichtigt". Welcker.

### 507. Statue des Menandros, verkleinerte Nachbildung.

Marmor. — Rom, Vatican.

Abgebildet Bouillon II, 24. Visconti Pio-Clem. III, 15. Vergl. Iconogr. grecque I, 6, 1. 2. Bullettino dell' Ist. 1862 p. 163 f. (Pervanoglu).

### 508. (203 W) Griechischer Porträtkopf.

Marmor. — Berlin.

Vergl. Gerhard Berlins ant. Bildw. p. 122 no. 318 (?). Visconti Iconogr. rom. 14. Bullett. dell' Ist. 1872 p. 36 (Brizio).

Einer der früher fälschlich Seneca genannten Köpfe; schlechtes, vielleicht nicht einmal antikes Exemplar.

### 509. (181 W) Homer.

Marmor. — Rom, Capitol.

Abgebildet Visconti Iconogr. grecque I, 1, 1. 2.

Plinius 35, 9: *quin immo etiam quae non sunt finguntur pariuntque desideria non traditos voltus, sicut in Homero id evenit.*

### 510. (47 W) Bruchstück einer Statue des Aesop.

Marmor. — Rom, Villa Albani.

Abgebildet Visconti Iconogr. gr. I, 12, 1. 2. Mon. dell' Ist. III, 14, 2. Vergl. Friederichs Bausteine no. 518.

### 511. (47ᵇ W) Porträtstatuette.
Marmor. — Rom, Vatican.

Abgebildet Mon. dell' Ist. III, 14, 1ᵃᵇ. Vergl. Annali 1840 p. 94 ff. (E. Braun.)

Von E. Braun und Welcker Aesop genannt. Vergl. no. 510.

### 512. (215 W) Männlicher Porträtkopf.
Bronze. — Rom, Capitol.

Abgebildet Visconti Iconogr. rom. 2, 1. 2. Bouillon II, 74.

Ohne ausreichenden Grund L. Junius Brutus genannt. Es sind Zweifel geäussert worden, ob der Kopf überhaupt einen Römer darstelle. Die Brust ist neu.

### 513. (214 W) P. Cornelius Scipio Africanus.
Marmor. — Rom, Vatican (?).

Vergl. Visconti Iconogr. rom. 3. Bull. dell' Ist. 1868 p. 82 (Helbig).

### 514. (50 W) Porträtstatue.
Marmor. — Paris, Louvre.

Abgebildet Bouillon II, 36. Clarac pl. 318, 2134. Müller-Wieseler I, 50, 225. Vergl. Visconti Opere varie IV, p. 223 ff. Brunn Gesch. der griech. Künstler I p. 544. Fröhner Inscript. gr., mus. du Louvre no. 126. Friederichs Bausteine no. 693.

Früher Germanicus genannt. Der Römer, dessen Züge uns unbekannt sind, ist in der Haltung des Hermes dargestellt, welchem auch das Attribut der Schildkröte zukommt. An dieser ist die Künstlerinschrift angebracht Κλεομένης Κλεομένους Ἀθηναῖος ἐποίησεν.

„Verbindet man mit der Andeutung durch das Thier das, was die rechte Hand sagt, die drei vordern Finger oder Daumen und Mittelfinger zusammengehalten, die beiden andern eingeschlagen, welches eine unzweifelhafte rednerische Geberde, die der Auseinandersetzung ist, so ergiebt sich, dass wir einen Römer vor uns haben, welcher als Gesandter oder auch als Redner im Senat sich ausgezeichnet hatte. Wundern muss man sich über Visconti's Vermutung, dass die rechte Hand auf die Zahlenwahrsagung anspielen solle, die allerdings den Hermes, doch gewiss keine ausgezeichnete Person in der römischen Geschichte angeht. Uebrigens ist zwischen der rohen Schmeichelei einer Vergötterung und der leisen Vergleichung, die der Künstler durch ein göttliches Attribut am Fussgestell als Nebenwerk andeutet, ein grosser Unterschied; und es scheint bedenklich wenn man behauptet, dass in den Formen, ausser einer einsichtsvollen Nachahmung der Natur und Wahrheit, auch der besondere Charakter des Hermes erkennbar sei; und mehr noch wenn aus der Bewegung der linken Hand gefolgert wird, dass sie den Caduceus gehalten habe [?]. So ist Agrippa in der Colossalstatue in Venedig nicht als Neptun dargestellt, wie verschiedentlich behauptet worden ist; er hat ja das Schwert gezogen: sondern der neptunische Delphin zu seinen Füssen deutet nur den grossen Seesieg an. Diese Statue, so wie die frühere des Pompeius im Hause Spada, die des Sextus Pompeius, jetzt in Paris, die von einem Sohne des Verres bei Cicero u. a. sind in Ansehung des griechischen Gebrauchs nackter Ehrenstatuen auch in Rom zu vergleichen." Welcker.

### 515. (201 W) Männlicher Porträtkopf.

Einer der Cicero genannten Köpfe. Die Brust scheint neu.

### 516. (217 W) C. Julius Caesar.

Basalt. — Berlin.

Vergl. Gerhard Berlins ant. Bildw. p. 100 no. 169 (?).

### 517. (218 W) Männlicher Porträtkopf.

Angeblich der auf eine Statue aufgesetzte Marmorkopf Caesars (?) in Berlin, der bei Gerhard Berlins ant. Bildw. p. 100 no. 167 angeführt ist.

### 518. Statue des Augustus.

Marmor. — Berlin.

Abgebildet E. Hübner Augustus Marmorstatue des Berliner Museums (Berlin 1868) Taf. I, 1. 2. Vergl. Archäol. Zeitung 1868 p. 111 (Hübner).

### 518ª. (382 W) Relief von dem Harnisch einer Kaiserstatue.

### 519. (220 W) Kopf des Augustus, jugendlich.

Marmor. — Rom, Vatican.

Abgebildet Mus. Chiaram. II, 26.

### 520. (223 W) Caligula.

Bronze. — Paris, Louvre.

Abgebildet Mongez Iconogr. rom. 25, 1. 2. Müller-Wieseler I, 67, 358.

Sueton (50): *Statura fuit eminenti, pallido colore, corpore enormi, gracilitate maxima cervicis et crurum, et oculis et temporibus concavis, fronte lata et torva, capillo raro ac circa verticem nullo, hirsutus cetera. Quare transeunte eo prospicere ex superiore parte aut omnino quacunque de causa capram nominare criminosum et exitiale habebatur.*

### 521. (224 W) Claudius.
Marmor. — Braunschweig.
Abgebildet Bouillon II, 77.

„Eines der besten Bilder desselben .... Sueton (30): *auctoritas dignitasque formae non defuit . . . specie canitieque pulcra, opimis cervicibus.*" Welcker.

### 522. (225 W) Nero.
Marmor. — Paris, Louvre.
Abgebildet Mongez Iconogr. rom. 30, 3. 4.

Sueton (51): *Statura fuit paene iusta, corpore maculoso et foedo, subflavo capillo, vultu pulchro magis quam venusto, oculis caesiis et hebetioribus, cervice obesa, ventre proiecto, gracillimis cruribus, valetudine prospera.*

### 523. (222 W) Domitius Corbulo.
Marmor. — Rom, Vatican.
Abgebildet Visconti Pio-Clem. VI, 61. Iconogr. rom. 9. Bouillon II, 78, 2.

### 524. (240 W) Männlicher Porträtkopf.
Marmor. — Neapel, Museo nazionale (?).
Irrtümlich für M. Brutus gehalten.

### 525. (216 W) Galba (?).

### 526. (403 W) Männliche Porträtbüste in Hochrelief.
Marmor. — Dresden.
Abgebildet Becker Augusteum III, 123. Vergl. Hettner Die Bildw. der Antikensamml. no. 363.

### 527. (226 W) Vitellius.
Marmor. — Paris, Louvre.
Abgebildet Clarac pl. 1106, 3280 A.

### 528. (222 W) Vitellius.
Schwarzer Marmor (?). — Berlin (?).
Vergl. Gerhard Berlins ant. Bildw. p. 104 no. 179 (?).

### 529. Vitellius.

### 530. (229 W) Domitian.
Marmor. — Berlin.
Vergl. Gerhard Berlins ant. Bildw. p. 105. no. 183.

### 531. (143 W) Antinous.
Marmor. — Paris, Louvre.
Abgebildet Bouillon II, 83, 2. Müller-Wieseler I, 70, 388. Levezow Antinous Taf. X. Vergl. ebd. p. 89 f.

„Die colossale Büste aus Villa Mondragone in Frascati, von wo sie 1807 in den Palast Borghese, bald darauf in das Pariser Museum versetzt wurde. Ein ernster und schwermütiger Ausdruck verbindet sich mit der Andeutung des Bacchischen, wie denn Antinous als Bacchus häufig vorkommt. Wenn Winckelmann in der Kunstgeschichte (VII, 2, 14. XII, 1, 17) diesem Werke die höchsten Lobsprüche ertheilt, so hielt er darum nicht weniger die Ansicht fest (XII, 1, 22), dass in Hadrians Zeit 'die Quelle zum erhabenen Denken und zum Ruhm verschwunden war'. Was er vorzüglich rühmt, ist die gute Behandlung der colossalischen Formen und die Ausarbeitung der Haare, die nicht ihres Gleichen im ganzen Altertum habe. Einzig in ihrer Art sind allerdings die schön, gleich Schnüren, geschlungenen dünnen Abtheilungen des Haares. Visconti bewundert noch mehr die farnesische Statue des Antinous (Pio-Clem. VI, 47), die ihn fast verleitet, den wahren Unterschied zwischen der Kunst der Perikleischen und der Hadrianischen Zeit zu verkennen, obwohl er namentlich nur die Unübertrefflichkeit der Arbeit an den Bildern des Antinous und einigen andern Werken der Zeit rühmt.... In der That scheint die hohe Schönheit des Antinous Mondragone, die man rühmt, grossentheils in der natürlichen Wirkung des Colossischen zu bestehen; der Ausdruck ist im Ganzen genügender bei kleinerm Maassstab in dem Antinoushercules und besonders in einer Antinousbüste mit viel schlichterem Haar im Louvre no. 234. 313." Welcker.

Die Augäpfel waren aus anderem Material eingesetzt; Spuren von Silber in den Augenhölen hat Zoega, nach einer Notiz bei Welcker, am Original wahrgenommen.

### 532. (144 W) Maske von dem Kopf einer Statue des Antinous.

Marmor. — Rom, Lateran.

Abgebildet Mus. Chiaramonti II, 39. Vergl. Benndorf und Schöne Bildw. im Lateran no. 79.

### 533. (234 W) M. Aurel, jugendlich.

Marmor. — Paris, Louvre (?).

Abgebildet Mongez Iconographie rom. 41, 1. 2.

### 534. (222 W) Männlicher Porträtkopf.

Marmor. — Berlin (?).

### 535. (242 W) Die jüngere Faustina.

Marmor. — Rom, Capitol.

Abgebildet Mongez Iconogr. rom. 42, 1. 2.

### 536. (241 W) Weiblicher Porträtkopf.
Paris, Louvre.

Abgebildet Clarac pl. 1105, 230 A.

Sog. Vestalin.

### 537. (235 W) Maske von einem Kopfe des Lucius Verus.
Marmor. — Paris, Louvre.

Abgebildet Mongez Iconogr. rom. 43, 1. 2.

### 538. (237 W) Commodus.
Marmor. — Dresden.

Abgebildet Becker Augusteum 138. Vergl. Hettner Die Bildw. der Antikensamml. no. 353.

### 539. (228 W) Männlicher Porträtkopf.

### 540. Maske von einem Porträtkopf.

### 541. Männliches Brustbild.

### 542. (238 W) Caracalla.
Marmor. — Paris, Louvre.

Mongez Iconogr. rom. 49, 1, Clarac pl. 1075, 3319 A.

„Ein furchtbares Haupt, ein 'Feind Gottes und der Menschen', bei dessen Verworfenheit und falscher Genialität der Gedanke erwachen muss: es ist Satan". Burckhardt.

### 543. (239 W) Severus Alexander.
Marmor. — Rom, Capitol.

Abgebildet Mongez Iconogr. rom. pl. 52, 1. 2.

### 544. Statue des Hippolytos, Bischof von Portus.
Marmor. — Rom, Lateran.

Abgebildet Bunsen Hippolytus und seine Zeit I Titelbild. Vergl. ebd. p. 162 ff. C. I. Gr. IV, 8613. Ideler Handbuch der mathematischen und technischen Chronologie II p. 213 ff.

Der ganze Oberkörper ist ergänzt. Am Stuhl ist der von Hippolytos aufgestellte Ostercyclus und ein Verzeichniss seiner Schriften eingegraben.

### 545. (244 W) Pferdekopf.
Bronze. — Venedig.

Vergl. Müller Handbuch³ p. 760. Ruhl Ueber die Auffassung der Natur in der Pferdebildung antiker Plastik (1846) p. 46 ff.

### 546. (245ᵇ W) Pferdekopf.
Bronze. — Florenz.

Abgebildet Gal. di Firenze stat. II, 84. 85. Vergl. Ruhl Ueber die Auffassung der Natur in der Pferdebildung p. 49 ff.

### 547. (245 W) Pferdekopf.

Marmor. — Neapel, Museo nazionale.

Abgebildet Mus. Borbon. II, 38. Clarac pl. 922, 2348. Vergl. Ruhl Ueber die Auffassung der Natur in der Pferdebildung p. 61 ff.

Vom Pferde der Reiterstatue des jüngeren Balbus.

### 548. (251 W) Widderkopf.

### 549. (107 W) Eber, verkleinerte Nachbildung.

Marmor. — Florenz.

Abgebildet Museum Florentinum III, 69.

### 550. (479 W) Relief, Löwe, verkleinerte Nachbildung.

Marmor. — Rom, Palazzo Barberini.

Abgebildet Bartoli Sepolcri 49. Vergl. Winckelmann Werke IV. p. 237 und dazu p. 425. Note 688. Beschreibung der Stadt Rom III, 2 p. 429 f.

### 551. Apollon.

Bronze. — London, British Museum.

Abgebildet Anc. marbl. in the Brit. Mus. III, 7.

### 552. (31[b] W) Tanzender Satyr.

Bronze. — Neapel, Museo nazionale (aus Pompei).

Abgebildet Museo Borb. IX, 42. Clarac pl. 717, 1715 A. Müller-Wieseler II, 43, 530.

### 553. (94 W) Aphrodite.

Bronze (?).

„Venus, mit zwei Armbändern am rechten Arm, einem mit Steinen besetzten Stirnband, einen grossen Apfel in der Linken." Welcker. Vielleicht nicht antik.

### 554. (79[b] W) Amazone zu Pferd.

Bronze. — Neapel, Museo nazionale.

Abgebildet Antichità di Ercolano VI, 63. 64. Museo Borb. III, 43. Clarac pl. 810, 2028.

### 555. Zeus, stehend.

Bronze. — London, British Museum.

Abgebildet Spec. of anc. sculpt. I, 32. E. Braun Kunstmythologie 13. Clarac pl. 402, 684.

### 556. (83 W) Zeus, stehend.

Bronze.

### 556[a]. Zeus, stehend.

Bronze. — Cleve (aus Xanten).

### 557. Zeus, stehend.
Bronze. — Berlin (?).
Vergl. Friederichs Berlins ant. Bildw. II p. 401 no. 1865.

### 558. (82 W) Zeus, sitzend.
Bronze. — Früher in der Pourtalès'schen Sammlung.
Abgebildet Clarac pl. 398, 668. Vergl. Overbeck Kunstmythologie, Zeus p. 127.

### 559. Zeus Serapis, sitzend.
Bronze. — London, British Museum.
Abgebildet Specimens of anc. sculpt. I, 63. Clarac pl. 398, 670.

### 560. Hephästos.
Bronze. — London, British Museum.
Abgebildet Specim. of anc. sculpt. I, 47. E. Braun Kunstmythologie 99. Clarac pl. 831, 2086. Vergl. Blümner De Vulcani in veteribus artium monumentis figura (Breslau 1870) p. 9.

### 560[a]. Hephästos.
Bronze. — Leipzig, bei Dr. Fiedler.
Vergl. Bullett. dell' Ist. 1868 p. 82 (Kekulé).

### 561. Apollon.
Bronze. — London, British Museum.
Abgebildet Specim. of anc. sculpt. I 43. 44 (vergl. ebd. p. 128, 6). E. Braun Kunstmythologie 39. Clarac pl. 485, 936.

### 562. Apollon.
Bronze. — London, British Museum (?).

### 562[a]. Apollon, modern.
Bronze.

### 563. Hermes.
Bronze. — London, British Museum.
Abgebildet Specim. of anc. sculpt. I, 33. 34. Müller-Wieseler II, 29, 314. E. Braun Kunstmythologie 96. Clarac pl. 666, 1515.

### 564. Ares (?).
Bronze. — Berlin.
Vergl. Friederichs Berlins ant. Bildw. II p. 398 no. 1851[a].

### 565. Büste des Ares (?).
Bronze. — Berlin.
Vergl. Friederichs Berlins ant. Bildw. II p. 398 no. 1851.

### 566. (92[c] W) Silen.
Bronze. — Neapel, Museo nazionale.
Abgebildet Antichità di Ercolano VI, 41. Clarac pl. 734 D, 1765 I.

Der Silen bläst, sich in langsamem Tanzschritt bewegend, die Doppelflöte. Vergl. no. 353.

### 567. (92ᵇ W) Tanzender Satyr.
Bronze. — Neapel, Museo nazionale.
Abgebildet Antichità di Ercolano VI, 38. 39. Clarac pl. 716 A, 1715 B.
In der rechten Hand hielt er einen Thyrsos.

### 568. Satyr, die Doppelflöte blasend.
Bronze.

### 569. Pan.
Bronze. — München, Antiquarium (?).
Vergl. Christ Führer durch das Antiq. p. 20 no. 58.

### 570. Pan.
Bronze. — Berlin.
Vergl. Friederichs Berlins ant. Bildw. II p. 420 no. 1967.

### 571. Athena.
Bronze. — München, Antiquarium.
Abgebildet Lützow Münchener Antiken Taf. 10. Clarac pl. 462 A, 842 A. Vergl. Christ Führer durch das Antiq. p. 9 no. 321.

### 572. Athena.
Bronze. — Neapel, Museo nazionale.
Abgebildet Antichità di Ercolano VI, 5.

### 573. Aphrodite, die Sandale lösend.
Bronze. — London, British Museum.
Abgebildet Clarac pl. 628, 1354 A.
Vergl. no. 574. 316.

### 574. Aphrodite, die Sandale lösend.
Bronze.
Vergl. Friederichs Berlins ant. Bildw. II p. 392 no. 1841.
Vergl. no. 573. 316.

### 574ᵃ. Aphrodite.
Bronze.

Vielleicht nicht antik. Vergl. no. 573. 574. 316.

### 575. Eros.
Bronze.

### 576. Eros auf einem Bocke.
Bronze (?).

### 577. Dioskur.
Bronze. — Berlin.
Vergl. Friederichs Berlins ant. Bildw. II p. 452 no. 2080.

### 578. Herakles mit dem Löwen.
Bronze.

### 579. Herakles, jugendlich.
Bronze. — Paris, Bibliothek.
Abgebildet Clarac pl. 788, 1974.

### 580. Herakles, bärtig.
Bronze.

### 581. Herakles, bärtig, mit dem Löwenfell.
Bronze. — München, Antiquarium.

### 582. (92 W) Sitzender Jüngling.
Bronze.
Abgebildet Raoul-Rochette Monum. inéd. I p. 154.

### 583. Diskuswerfer.
Bronze. — Arolsen.
Vergl. Archäol. Zeitung XXVII p. 63 f. (Curtius).

### 584. (98 W) Mädchen.
Bronze. — Dresden.
Abgebildet Müller-Wieseler II, 74, 948. Vgl. Hettner Die Bildw. der Antikensamml. no. 438.

Gewöhnlich Nemesis genannt.

### 585. Sitzende Frau.
Bronze.

### 586[a]. Kleiner weiblicher Kopf.
Bronze (?). — Cleve (aus Xanten).

### 587. 588. (246. 247 W) Zwei Stiere.
Bronze. — Paris.

### 589. (248 W) Stier.
Bronze. — Dresden.
Abgebildet Meyer Kunstgesch. Atlas Taf. 9, c. Vergl. Hettner Die Bildwerke der Antikensamml. no. 426.

### 590. (249 W) Stier, modern.
Bronze (?). — Dresden (?).
Vergl. Hettner Die Bildw. der Antikensamml. no. 423 (?).

### 591. Panther, modern.
Bronze. — Dresden.
Vergl. Hettner Die Bildw. der Antikensamml. no. 425.

### 592. (252 W) Ziege.
Bronze (?). — Rom (?).

### 593. (253 W) Käuzchen.
Bronze. — Braunschweig.

„Dass es auf einer Sculpturtrümmer, einem antiken Kopfe sitzt, ist scherzhafte Zuthat des Professor Rauch. In Rom fand man dieselbe Figur mit noch erhaltenen Krallen, wovon die linke drei Mäuse niederhält, die rechte sich hebt, wie um eben eine davon zum Munde zu führen. Böttiger Amalthea III S. 260—81. Vgl. S. XXIX." Welcker.

### 594. Herme, männlicher Kopf.
Giallo antico. — Rom (?).
Vergl. Bullett. dell' Ist. 1867. p. 66. (Benndorf.)

### 595. Weiblicher Kopf.
Terracotta. — Athen.

### 595ª. (93ᶜ W) Kopf der Athena.
Terracotta (?).

### 596. Aphrodite und Adonis (?).
Terracotta. — Karlsruhe (aus Nisyros).
Abgebildet Thiersch Veterum artificum opera veterum poetarum carminibus optime explicari (München 1853) Taf. V. Vergl. Friederichs Bausteine no. 605.

### 596ᶜ. Gruppe.
Terracotta. — Berlin.
Abgebildet Archäol. Zeitung 1449 Taf. II, 1. Vergl. ebd. p. 10 ff. (Gerhard. Panofka.)

Eros zieht einen Schubkarren, in dem ein kleinerer Eros sitzt.

### 597. Jüngling und Mädchen.
Terracotta. — München, Antiquarium (64).
Abgebildet Berichte der sächs. Gesellsch. der Wissensch. zu Leipzig 1861 Taf. 3. Vergl. ebd. p. 101 ff. (O. Jahn.) Annali dell' Ist. 1861. p. 351 (Brunn).

### 598. Tänzerin.
Terracotta.

### 599. (98ᶜ W) Weibliche Gewandfigur.
Terracotta. — München, Antiquarium.

### 600. (98 W) Weibliche Gewandfigur.
Terracotta. — München, Antiquarium (aus Attika).
Vergl. Christ Führer durch das Antiquarium p. 53 no. 63.

### 601. Mädchen, sitzend.
Terracotta. — Carlsruhe.

### 602. Alter Mann mit Kind.
Terracotta. — Berlin.

### 603. Bruchstück des Innenbilds einer Reliefschale.
Terracotta. — Berlin.
Abgebildet Archäol. Zeitung 1862 Taf. 158, 3. Vergl. ebd. p. 226 ff. (Friederichs.)
Der bärtige Dionysos. Vergl. no. 153—155.

### 604. Relief, Dionysos von Silen und Mänade gestützt.
Athen.
Abgebildet Annali dell' Ist. 1870 tav. d'agg. I. Vergl. ebd. p. 205 ff. (Förster).
Ausguss aus einer Form von Terracotta.

### 605. Silensmaske.
Terracotta. — Athen.
Vermutlich von einem Gefäss.

### 606. Trinkschale.
Terracotta. — Paris, Cabinet des médailles.
Vergl. Ritschl Priscae latinitatis mon. epigr. X, I. Archäol. Zeitung 1863 p. 73 ff. (Detlefsen. Mommsen.) Ephemeris epigraphica I (1872) p. 9. (G. Wilmanns, nach Benndorf. Mommsen).
Aus der Fabrik des Canoleius von Cales.

### 607. (409 W) Jonisches Kapitell.
Aus römischer Zeit.

### 608. (410 W) Korinthisches Kapitell.
„Aus Veji". Welcker. Es zeigt späte, dürftige Formen.

### 609. 609ᵃ. Ein Stück Kranzgesims. Eine Palmette in Relief.

### 610. (411ᵇ W) Friesplatten mit der Darstellung von Opfergeräten.
Marmor. — Rom, Capitol.
Abgebildet Mus. Capit. IV, 34.

### 610ᵃ·ᵇ. Relief mit Bukranion. Desgl. mit Bukranien und Guirlande.

### 611. (411ᶜ W) Giebelfeld, Theil eines Reliefs.
Marmor. — Rom, Villa Medici.
Abgebildet Canina Edifizj di Roma II, 24. Annali dell' Ist. 1852 tav. d'agg. R. S. Vergl. ebd. p. 338 ff. (Brunn.)

Von der Darstellung eines Tempels der Magna Mater.

### 612. Reliefs vom Sessel des Dionysospriesters.
Marmor. — Athen, Dionysos-Theater.
Abgebildet Ἐφημ. ἀρχ. 1862 Taf. 21. Revue archéol. 1862 II Taf. 20. Vergl. N. Schweiz. Mus. 1863 p. 13. (Vischer.)

(Rücklehne). Zwei Satyrn tragen eine Traube. (Seitenlehnen). Eroten mit Kampfhähnen. (Vorderseite). Arimaspen mit Greifen kämpfend. Unten die Inschrift ἱερέως Διονύσου Ἐλευθερέως.

### 613. Relief, Vase mit Panthern als Henkel.
Marmor. — Paris, Louvre.
Abgebildet Bouillon III siège, 4. Clarac pl. 258, 630.

Von einem Sessel.

### 614. (242ᵇ W) Sphinx als Tischfuss.
Marmor. — Neapel.
Abgebildet Mus. Borbon. IX, 43.

### 615. (357—59 W) Reliefs von einer Basis.
Marmor. — Rom, Capitol.

„Von der dreiseitigen Candelaberbasis, dem Fussgestell des Bronzecamillus: (a) Satyr mit einem Pantherfell auf dem Arm, herabblickend auf den Panther neben ihm; (b) Baccha mit dem Tympanum; (c) Satyr flöteblasend. Dieselben classischen und öfter vorkommenden Figuren auf einer Platte vereinigt, in der schönsten Ausführung in den Specimens of anc. sculpt. II, 25". Welcker.

### 616. (364 W) Relief, von einer dreiseitigen Basis.
Marmor. — Rom, Villa Albani (?).
Abgebildet Zoega Bassiril. II, 86 (?).

„Ein tanzender Satyr, Krotalen hinterwärts über dem Kopfe schlagend." Welcker.

### 617. (314ᵈ W) Dreiseitige Basis.
Marmor.

(a) Dionysos (?) mit dem Panther (?).
(b) Satyr vor einem Altar.
(c) Silen mit Opfergaben herbeischreitend.

### 618. Kleine dreiseitige Basis, modern.

(a) Silen, mit Thyrsos und Ciste, neben ihm ein Panther.
(b) Satyr, die Doppelflöte blasend.
(c) Mänade, die Flöte blasend.

### 619. (314ᶜ W) Dreiseitige Basis.
Marmor. — Venedig.

Vergl. Valentinelli Marmi della Marciana p. 74 ff. no. 125.

„Eine dreiseitige Iupitersara von zierlicher Arbeit . . . Auf der einen Seite der Adler auf der Weltkugel sitzend und sie festhaltend, auf der andern der Blitz, auf der dritten Eichenlaubkranz und Blitz, jeder dieser Gegenstände auf gleicher Unterlage ruhend." Welcker.

### 620. (314ᵉ W) Vierseitige Basis.
Marmor. — Venedig.

Abgebildet Valentinelli Marmi della Marciana Taf. 52. Vergl. ebd. p. 198 no. 239.

„Die breiten Seiten enthalten (1) Dionysos zum Trinken gelagert, mit Becher und Thyrsos, eine Nymphe zu seinen Füssen sitzend hält eine Laute; . . . sie nimmt die Stelle der üblichen Auletris ein. Auf dem Grund ist eine Stele sichtbar, auf der eine Vase steht und woran eine Maske auf einem Täfelchen in Relief gebildet ist. (2) Trinkgelag von zwei Satyrn, wovon der eine den Becher hält, der andre eine nackte Nymphe an sich reisst. Eine Löwenhaut über Felsen ausgebreitet bildet hier wie dort das Lager.

An den beiden schmalen Seiten ist (3) eine Nymphe, die Laute spielend, und ein Satyr, der still bescheiden zuhörend sich auf ihre Schulter lehnt, und (4) ein Satyr eine Nymphe küssend. Offenbar ist zwischen diesen beiden Seiten, so wie zwischen den zwei andern, ein Contrast des Anständigen und der Ausgelassenheit beabsichtigt." Welcker.

### 621. (320ᵇ) Basis.
Marmor. — Venedig.

„Der griechische [?] Marmorcandelaber in drei grossen Abtheilungen, der in der S. Marcuskirche zu Venedig das Weihwasserbecken trägt. Der Untertheil mit geflügelten Tigertatzen, das Mittelstück mit Delphinen, wechselnd mit einem Dreizack über einer Muschel, der Obertheil mit nackten geflügelten Kindern, die der oberen Ausladung als Träger dienen . . . . mit Kissen als Unterlager auf den Schultern, in vier verschiedenen Stellungen, worin auf das Glücklichste der Ausdruck des Stützens mit den Formen des Kindes verschmolzen ist." Welcker.

### 621ª. (372 W) Relief.
Marmor. — Rom, Vatican (?).

"Ausschnitt aus einem grossen Tempelbrunnen, verziert mit Weinlaub und einer Herakleskeule, stehend auf einem Napf, an beiden Enden." Welcker.

### 622. (317 W) Vase.
Marmor (?). — Neapel (?).

### 622ª. (320ᵇ W) Vase.
Marmor. — Bologna.

Mit Silensmasken verziert.

### 623. (316 W) Vase.
Marmor (?).

Nach Art der Warwickvase (Dallaway Of statuary and sculpture 29), aber nicht genau übereinstimmend.

### 624ª⁻ᵈ. (355ᵇ⁻ᶠ W) Masken.

"Maskenpaare von einer grossen Marmorvase, die in Villa Albani ehemals gewesen sein sollen." Welcker.

### 625. (318 W) Borghesische Vase, verkleinerte Nachbildung.
Marmor. — Paris, Louvre.

Abgebildet Bouillon I, 76ª ᵇ. Clarac pl. 130, 142. 131, 142. Müller-Wieseler II, 48, 601.

"Dionysos und seine tanzende Umgebung; gewöhnlich genannt die Hochzeit des Bacchus mit der Ariadne. Musik herrscht durch, daher das Ganze auf Dionysos Melpomenos bezogen worden ist. Der pythische Gott mit seinem Gefolg und Dionysos mit dem seinigen werden mannigfaltig zu einander gesellt." Welcker.

### 626. (319 W) Mediceische Vase, verkleinerte Nachbildung.
Marmor. — Florenz.

Abgebildet Galeria di Firenze stat. III, 156. 157. Millin Gal. mythol. 155, 556. Vergl. O. Jahn Archäol. Beiträge p. 388 ff. Friederichs Bausteine no. 778.

Man hat versucht die Darstellung auf die Opferung der Iphigenie, oder die griechischen Helden nach dem Frevel des Aias an Kassandra zu deuten.

### 627. (369 W) Relief, Satyrn kelternd.
Marmor. — Rom, Vatican.

Vergl. Beschreibung Roms II, 2 p. 277 no. 24.

Von einem Krater; zum Theil modern.

### 627ᵃ. (370 W) Relief, zwei Pyrrhichisten und ein Satyr.

Marmor. — Rom, Vatican.

Abgebildet Gerhard Ant. Bildw. Taf. 106, 4.

Von einem Krater. Vergl. no. 420.

### 628. Portlandvase.

Glas. — London, British Museum.

Abgebildet Millingen Anc. uned. mon. I, A. Vergl. Overbeck Gallerie heroischer Bildwerke p. 204 no. 49.

### 629. Kleines Gefäss.

Onyx. — Berlin.

Abgebildet Abh. der Münchener Akademie I Cl. II, 1 (1837) Taf. 1. Vergl. ebd. p. 63 ff. (Thiersch.)

Nach Thiersch auf die Geburt des Caligula bezüglich: das Kind wird von Agrippina einer Dienerin zur Lustration übergeben; dabei die Göttin Nundina [?], Venus Victrix und, zu Füssen des Tropäums, ein germanischer Gefangener.

### 630. Schale.

Silber. — München, Antiquarium.

Abgebildet Abh. der Münchener Akademie I Cl. V, 2 Taf. 1. Heydemann Iliupersis Taf. II, 4. Vergl. ebd. p. 33 f. Friederichs Bausteine no. 497.

Scenen aus der Zerstörung Troias.

### 631. Becher.

Bronze. — Bonn, Museum vaterländischer Altertümer.

Abgebildet Jahrb. der Altertumsfreunde im Rheinland I, Taf. 1. 2. Vergl. ebd. p. 45 ff. (Urlichs.) Friederichs Bausteine 946.

Mars kommt zu Rhea Silvia, dabei Amor (vergl. no. 488). Die andere Scene eines Kampfs ist noch nicht sicher gedeutet. Das Gefäss zeigt überhaupt manches Auffällige.

### 632—635. Gefässe verschiedener Form und Verzierung.

Bronze. — Neapel, Museo nazionale.

### 636. Kleines bauchiges Gefäss mit Relief.

### 637—639. Henkel und Füsse von Geräten.

### 640—642. Bronzelampen von verschiedener Form und Verzierung.

640. Gargiulo Raccolta 78 (2). Mus. Borbon. I, 10.
642. Gargiulo 78 (4). Museo Borbon. IV, 14.

### 643. (384 W) Deckel einer Spiegelkapsel.

Bronze. — London, British Museum.

Abgebildet Spec. of anc. sculpt. II, 20. Müller-Wieseler II, 27, 293.

Aphrodite und Anchises, dabei Eroten und der Hund des Anchises.

### 644. (97 W) Aphrodite, Figur eines Spiegelgriffs.
Bronze. — Dresden.

Vergl. Hettner Die Bildw. der Antikensamml. p. 114 no. 430.

### 645. Runde Platte mit gravirter Zeichnung.
Silber. — Rom, Collegio romano.

Abgebildet Archäol. Zeitung 1867 Taf. 225, 1. Vergl. ebd. p. 73 ff. (O. Jahn.) Festgruss der philol. Gesellsch. zu Würzburg 1868 Taf. I p. 142 ff. (Arnold.)

(a) Dionysos wird gefesselt von Pentheus misshandelt.

(b) Pentheus, der sich in Weiberkleidern unter die Mänaden begeben hat, wird von diesen verfolgt.

(c) Agaue klagend, nach der Zerreissung des Pentheus.

Die Geräte an den beiden Enden des oberen Streifens scheinen musikalische Instrumente; unten sind Masken angebracht; das Costüm der Figuren ist theatralisch. Die Darstellungen scheinen auf Eindrücke des Pantomimus zurückzugehen.

### 646. Grosser Cammeo.
Vatican (?).

Abgebildet Müller-Wieseler II, 10, 116.

Auf einem von männlichen und weiblichen Kentauren gezogenen Wagen fahren Liber und Libera. Ein Eros begleitet den Wagen. Links am Boden die bacchische Cista, rechts ein umgestürzter Weinkrug.

### 647. Relief von einer Schwertscheide.
Silber. — England.

Abgebildet Lersch Das sogenannte Schwert des Tiberius (Bonn 1849) Taf. I.

### 648. Relief, modern.
Knochen. — Wiesbaden.

Vergl. Archäol. Zeitung 1867 p. 71. (O. Jahn.)

### 649. Reliefornamente von einem Kästchen.
Knochen (?). — Berlin.

### 650. Relief, Asklepios und Hygia.
Elfenbein (?).

### 651—669. Etruskische Kunst.

651. (408[d] W) Bronze. — „Männliches Figürchen mit anliegenden Armen und geschlossenen Beinen." Welcker.

652. (408[e] W) Bronze. — „Ein weibliches desgleichen. Inghirami Mon. etr. III, 15, 1." Welcker.

653. (408ᵈ ᵈ) Bronze. — „Ein sehr kleiner Löwe." Welcker. — In München (?). Vergl. Christ Führer durch das Antiquarium p. 45.

654. Bronze. — Sirene. — In Berlin. — Abgebildet Mon. dell' Ist. II, 29. Vergl. Friederichs Berlins ant. Bildw. II p. 492 no. 2287.

655. (408ᶠ W) Bronze. — „Lange hagere Figur, bärtig, liegend, auf den linken Arm gestützt, eine Patera in der rechten Hand. — Im Brittischen Museum." Welcker.

656ᵃ⁻ᵐ. (408ᵏ⁻ᵛ W) „Zwölf Stücke getriebener Erzplatten aus einem 1812 bei Perugia entdeckten Grabe von einem Wagen sehr alter Kunst, der von innen und aussen mit Erz beschlagen war, in München. Einige andre Stücke sind in das Museum zu Perugia und in das brittische Museum gekommen." Welcker. — Abgebildet Inghirami Mon. etr. III, 23 ff. Micali Monumenti per servire alla storia degli antichi popoli italiani (Florenz 1833) Taf. 28. Müller-Wieseler 1, 59, 297. 298. Vergl. Christ Führer durch das Antiquarium p. 44 f. Friederichs Bausteine no. 970 ff.

656ⁿ⁻ˢ (408ʷ⁻ᵇ ᵇ W) Bronzen. — Aus demselben Funde herrührend. Abgebildet Inghirami Mon. etr. III, 22. 28. Micali Mon. per servire alla storia Taf. 29.

657. (408ᵍ W) Bronze. — Taucher im Sprung. Von einem Gefäss. — In München. — Abgebildet Micali Mon. per servire alla storia Taf. 30, 4.

658. (408ᵉ) Bronze. — Geflügelte Frau einen Vogel haltend. Von einem Gerät. — In München. — Abgebildet Inghirami Mon. etr. III, 15, 4.

659. (408ᶜ ᶜ) Bronze. — Löwe mit einem Menschenkopf im Rachen. Von einem Gefäss. — In München. — Vergl. Christ Führer durch das Antiq. p. 45.

660. Bronze. — Dionysos und zwei Satyrn. Griff einer Cista. — In Paris. — Abgebildet Mon. dell' Ist. VI. VII, 64, 1. Vergl. Annali 1862 p. 15 f. (Brunn.) 1866 p. 166 f. (Schöne.)

661. (408ⁱ W) Bronze. — Dreiseitige Basis. — (a) Hercules. — (b) Juno. — In München. Die dritte, im Abguss fehlende Seite befindet sich in Perugia. — Abgebildet Micali Mon. Taf. 29, 7. 8. 9. Müller-Wieseler I, 59, 299 a b b. Vergl. Annali dell' Ist. 1867 p. 355 f. (Reifferscheid.) Brunn Beschreibung der Glyptothek no. 44.

662. 663. Spiegelreliefs. — (662) Herakles eine Frau entführend. Abgebildet Gerhard Etrusk. Spiegel II, 159, 1. (663) Eos mit Kephalos. — Im Museum Gregorianum zu Rom. — Abgebildet Gerhard Etrusk. Spiegel II, 159.

664—666. Gravirte Spiegel. Im Abguss erscheinen die

vertieften Linien erhöht; sie sind zum Theil nicht gekommen. — (664) Gerhard II, 235, 2. (666) I, 59, 2.

667. (132ᶜ W) Terracotta. — Männlicher Kopf. — In München. — Vergl. Brunn Beschreibung der Glyptothek no. 44.

668. Terracotta (?). — Bruchstück eines Reliefs.

669. (378ᶜ W) Terracotta. — „Scylla, aus welcher vier Hundeköpfe und zwei Drachen hervorgehen, das Barocke mit strenger Symmetrie verbunden. Von einer in Vulci gefundenen thönernen Aschenkiste." Welcker.

### 670—677. Aegyptische Sculpturen.

670. (145 W) Rötlicher Kalkstein (?). — Kopf von einer Statue, nach Levezow (Antinous p. 128 f.) Antinous, nach Becker ein Sphinxkopf. — In Dresden. — Abgebildet Becker Augusteum Taf. 4.

671. 672. (415. 416 W) „Zwei ägyptische Mumienköpfe, ein grösserer und ein kleinerer." Welcker.

673—675. (417—419 W) Drei kleine Figuren.

676. (414 W) Eine Tafel mit Hieroglyphen.

677. Basalt. — Löwe, verkleinerte Nachbildung. — In Rom, am Capitol. — Abgebildet Winckelmann Werke VII Taf. I B. Vergl. ebd. p. 25.

### 678—683. Assyrische Sculpturen.

Abgebildet Layard The monuments of Nineveh (1853) Taf. 31. Vergl. 7 A. 36.

### 684—686. Indische Sculpturen.

684. (420 W) „Wischnu im Berliner Museum." Welcker.

685. 686. (421. 422 W) „Zwei Masken von indischen Göttern im Museum zu Leyden. Reuvens Verhandeling over drie groote steenen Beelden 1826 p. 73. 167." Welcker.

### 687—733. Originale.

687. Doppelherme des Sophokles und Euripides. Geschenk F. G. Welckers. — Griechischer Marmor. — Hoch 0,25 M. Gefunden 1845 zu Rom, nahe bei Porta S. Lorenzo. Restaurirt sind beide Nasen und einiges am Haar, ferner die Augen des Euripides.

Abgebildet auf unserer Tafel II, 2. Vergl. Annali dell' Ist. 1846. tav. d'agg. E, 1. Welcker A. Denkm. I p. 457 ff. Friederichs Bausteine no. 504.

Sophokles ist durch eine Binde im Haar vor Euripides ausgezeichnet.

688. Doppelherme des Aristophanes und Menandros.

Geschenk Fr. G. Welckers. — Griechischer Marmor. Hoch 0,26 M. Gefunden in Tusculum. — Restaurirt sind beide Nasen und Theile der Hermen.

Abgebildet auf unserer Tafel II, 1. Vergl. Mon. dell' Ist. V, 54. Annali 1853 p. 250 ff. (Welcker.) Archäol. Zeitung 1859 p. 87 ff. (Stark.) Welcker A. Denkm. V Taf. III p. 40 ff. (Zur Bedeutsamkeit der Binde vergl. Antholog. lat. ed. Riese 725, 46. und dazu Bücheler Rhein. Mus. N. F. XXVI. 1871 p. 492 f.).

Aristophanes ist durch eine Binde ausgezeichnet.

689. Kopf eines Mohren. Weisser griechischer Marmor. — 0,25 M. hoch. Gesichtslänge 0,124. — Gefunden 1868 in Rom, bei den Thermen des Diocletian. Restaurirt ist Nase, Kinn, einiges an den Wangen und Ohren und die Büste.

Vergl. Bullettino dell' Ist. 1869 p. 36 f. (Dilthey.)

690. (Welcker p. 100 f.) Marcus Aurelius, jugendlich. — Italienischer Marmor. — 0,35 M. hoch. Gesichtslänge 0,188. — Restaurirt ist die Nase.

Sehr schlechte, aber antike Arbeit. — „Herrührend, nach Angabe des Canonicus Pick in Bonn, aus dessen Nachlass das Werk erstanden wurde, aus dem Schloss Blankenstein in der Eifel, wohin es ohne Zweifel aus Rom gekommen war." Welcker.

691. Fragment einer weiblichen linken Hand. — Italischer Marmor. — Handbreite 0,09. — Der Mittelfinger und der kleine Finger waren mit Stiften angesetzt.

692. Kleiner, stark beschädigter Kopf. — Griechischer Marmor. — Gesichtslänge 0,04.

693. Kleine Herme, Kopf des Silen. — Giallo antico. — Hoch 0,13. — Vergl. Bullettino dell' Ist. 1867 p. 66. (Benndorf.)

694. Statuette der Athena. — Kalkstein. — Hoch 0,46. In Brohl gefunden. — Der fehlende Kopf war mit einem Stift eingesetzt; der rechte Arm ist abgebrochen; die Figur auch sonst beschädigt. — Abgebildet Welcker A. Denkm. V Taf. I. Vergl. ebd. p. 17 ff.

695. Bruchstück eines griechischen Grabreliefs. Ein bärtiger Mann, sitzend, n. l. — Griechischer Marmor. — Hoch 0,39.

696. Bruchstück eines Sarkophagreliefs. Oberthteil eines behelmten Jünglings, der zum Schlage ausholt. Neben ihm ist der Kopf eines Pferdes erhalten. — Italischer Marmor. — Hoch 0,25.

697. Bruchstück eines Sarkophagreliefs, auf dem vielleicht die Kindheit des Dionysos ähnlich wie auf no. 480 dargestellt war. — Griechischer (?) Marmor. — Hoch 0,29.

698. Runde Scheiben mit Zacken, in der Mitte eine Satyrmaske. — Italischer Marmor. — 0,25. — Auf der Rückseite Rest des Eisens, mit dem die Scheibe befestigt war.

699. 700. Zwei Tänzerinnen. — Terracotta. — Hoch 0,23. 0,18.

701. Kopf und Brust des Apoll. Terracotta. — Hoch 0,11. — Aus Sicilien.

702. Bruchstück eines Stirnziegels mit Medusenmaske. — Terracotta. — Hoch 0,14.

703. Bruchstück eines Stirnziegels (?), Victoria (?) auf der Weltkugel, dabei zweimal der Capricorn. — Terracotta. — Breit 0,20.

704. Bruchstück eines Reliefs. — Es war, wie es scheint, eine klagende Figur neben einem Grabmal (in Form eines Rundtempels) dargestellt. — Terracotta. — Breit 0,13.

705. Lampe, mit Reliefs. An dem Stamme viermal wiederholt eine Gruppe einer männlichen und weiblichen Gestalt. Auf den eigentlichen Lampen Eroten mit Trauben und Flöten. — Terracotta. — Vergl. Bullettino dell' Ist. 1869 p. 65. f. (Dilthey).

706. 707. Kleine Lampen mit apotropäischen Darstellungen. Terracotta. Beide auf dem Boden mit *N* bezeichnet.

708—710. Drei attische Lekythen.

(708) Aus zum Theil verbrannten Scherben zusammengesetzt, mit fremdem Mundstück. — Hoch 0,31. — Kenntlich ist die mit Binden geschmückte Stele; links eine am Boden klagende, rechts eine stehende Frau.

(709) Fragmentirt. — Hoch 0,31. — Kenntlich ist die durch schönes Anthemion bekrönte, mit farbigen Binden geschmückte Stele; links und rechts eine stehende Frau; diejenige rechts, mit schönem Profil, hat weniger durch die Zerstörung gelitten.

(710) Unvollständig. — Hoch 0,12. — Stele, dabei zwei Frauen. Diejenige rechts hält mit der rechten Hand ein Alabastron.

711—715. Vasen mit schwarzen Figuren auf rotem Grund.

(711) Amphora. — Hoch 0,42. — Aus Vulci. — (A). Herakles im Kampfe mit Triton. Dabei eine Frau. — (B). Dieselbe Darstellung ohne die Frau. — Vergl. Bullettino dell' Ist. 1851 p. 67 f. (Schmidt.)

(712) Lekythos. — Hoch 0,18. — Aus Vulci. — Dionysos zwischen Silenen und Mänade.

(713) Amphora. — Hoch 0,24. — (A). Drei Krieger. — (B). Dionysos, eine Frau, Hermes.

(714) Lekythos, schlecht erhalten. — Hoch 0,15. — Leierspielerin; dabei eine Frau und ein Mann.

(715) Schale. — Durchmesser 0,176. — Aussenbilder: Krieger mit Viergespannen.

716—721. Vasen mit roten Figuren auf schwarzem Grund.

(716) Schale. — Durchmesser 0,24. — Innenbild: Jüngling mit der Strigel. — Aussenbild: Jünglinge in der Palästra, dabei ein Aufseher.

(717) Schale. — Durchmesser 0,195. — Aus Vulci. — Innenbild: Eine Frau mit Weinkrug und Schlauch. Auf diesem liest man KALOS, im Grund KALOS NAIXI. Vergl. Bullettino dell' Ist. 1851 p. 68 (Schmidt).

(718) Vase mit drei Henkeln (Hydria). — Hoch 0,42. — Aus Nola. — Gelage, Jüngling und Flötenspielerin.

Im Grunde     EVΘ[υμίδης
              ΕΛΡΑΦΕ

ferner        ΜΕΛΚΛΕΣ
              ΚΑΛΟΣ

und           σμ]ΙΚΥΘΟΣ

Vergl. Bullettino dell' Ist. 1851. p. 121 f. (Brunn.)

(719) Vase mit zwei am Bauch ansitzenden Henkeln. (Krater). — Hoch 0,32. — Aus S. Ignazio: (A). Bellerophon, der den Pegasos am Zügel hält, empfängt von Prötos das Blatt mit der Botschaft an Jobates. — (B). Drei Mantelfiguren.

Abgebildet Annali 1851 tav. d'agg. Vergl. ebd. p. 136 ff. (Schmidt.)

(720) Scherben einer Vase. — Nike bringt Herakles einen Kranz.

(721) Vase mit zwei tief ansitzenden Henkeln (Krater). — Hoch 0,39. — Thiasos.

722—724. Kleine Vasen mit gelben und weissen Ornamenten.

725. Vase, gestriefelt und mit gemaltem Ornament. — Hoch 0,22.

726. Kleine Lekythos, schwarz.

727—729. Kleine Vasen, schwarz, ohne gemaltes Ornament.

730—33. Schalen etruskischer Technik, schwarz; die eine mit gepresstem Reliefstreifen.

## Anhang.

Der Kopf, dessen Abguss unter no. 297 aufgeführt ist, wurde im Jahr 1866 von dem Bildhauer Steinhäuser bei einem Steinmetzen und Antikenhändler zu Rom bemerkt, in seinem Werte erkannt und erworben; er ist später in den Besitz des Museums zu Basel übergegangen.

Die erste Bekanntmachung erfolgte durch zwei Photographien in dem 8. Bande der Mon. ined. dell' Ist. archeologico; ich habe sie mit einem Aufsatze in den Annalen 1867 p. 124 ff. begleitet. Nach der einen dieser beiden Photographien ist die lithographische Abbildung zu O. Jahns populären Aufsätzen aus der Altertumswissenschaft hergestellt. Der Lithographie auf unserer Tafel I liegt eine Zeichnung zu Grunde, welche mit Hülfe einer unmittelbar vor den beiden Photographien in der Mon. dell' Ist. in einem kleineren Maassstab genommenen Photographie ausgeführt ist.

Der Kopf ist von griechischem Marmor; er war bei seiner Auffindung mannigfach beschädigt und hat seitdem eine Restauration erfahren, welche jeder Archäolog als stilwidrig auf das lebhafteste wird beklagen müssen. Eine Vorstellung von dem stilistischen Charakter des Kopfes ist gegenwärtig aus dem entstellten Original nicht zu gewinnen, sondern nur aus den mehrfach verbreiteten Abgüssen, welche den Kopf nur theilweise restaurirt zeigen, oder in Ermangelung solcher Abgüsse aus den Photographien in den Monumenti und aus unserer Tafel I.

In diesen nicht vollständig ergänzten Abgüssen, denen die angeführten Abbildungen entsprechen, ist neu der grössere Theil des Halses und die ganze Büste. Die Grenzlinie des antiken und modernen geht von dem Kehlkopf nach hinten schräg herab; neu ist ferner die Nase und einiges an den Lippen.

Die erhaltenen Theile des Kopfes genügen, um zu erkennen, dass er die unleugbarste, von allen urteilsfähigen anerkannte Aehnlichkeit mit dem Kopfe des belvederischen Apoll aufweist; sie genügen ferner, um zu erkennen, dass innerhalb der Gemeinsamkeit der Formen, welche zum Theil Identität genannt werden muss, dennoch feinere stilistische Unterschiede stattfinden.

Die Anstellung des Vergleichs wird durch die starke Beschädigung des Steinhäuserschen Apollokopfes erschwert. Seine Wirkung leidet durch die Entstellung einzelner Formen und seine Isolirung gegenüber der glücklicheren Erhaltung des belvederischen Kopfes an sich und seiner durch den Totaleffekt der ganzen Figur gesteigerten Wirkung.

Die analytische Vergleichung der Formen beider Köpfe wird erleichtert, wenn man sie beide in gleiche oder relativ gleiche Bedingungen bringt. Die theilweise Ergänzung der Abgüsse reicht aus, um die ungestörte Betrachtung der wichtigsten Formen zu gestatten. Aber es ist wünschenswert, dass bei der Vergleichung auch der Abguss des vaticanischen Apoll genau in derselben Weise an der Büste abgeschnitten und in die gleiche Haltung gesetzt wird. Die sicherste Vergleichung der einzelnen Formen endlich wird sich ergeben, wenn man einen Abguss des vaticanischen Apoll genau in derselben Weise verstümmelt, wie es der Steinhäusersche ist.

Der Steinhäusersche Apollokopf zeigt in allen Formen eine einfachere und energischere Zeichnung als der Apoll von Belvedere. Es ist dies bei aufmerksamer Beobachtung besonders deutlich, in der Profilansicht, an dem Contur des Schädels und des Kinnes; in der Ansicht en face, an dem kräftigen, in seinem Flusse nicht gestörten und gebrochenen Oval des Antlitzes; in jeder Ansicht, an der Behandlung des Haars. Sie stimmt in dem allgemeinen Wurfe in beiden Köpfen überein; aber sie ist von einfacher, grossartiger Schönheit in dem Steinhäuserschen Kopfe; gekünstelt, kleinlich, überladen in dem belvederischen. Deshalb lässt sich mit Sicherheit annehmen, dass bei dem Steinhäuserschen Kopf auch der Knoten über der Stirn einfacher und bescheidener war als der des belvederischen Kopfes. Wer die rechte Schläfe der beiden Köpfe und den Haaransatz ebenda unbefangen vergleicht, wird sich dem Eindruck nicht entziehen können, dass in dem Steinhäuserschen Kopfe jugendliche Kraft und Frische, ein schwellendes Leben pulsirt, dass die Haare wachsen; während, damit verglichen, der belvederische Kopf eine schwächlichere Eleganz, eine unbelebtere Oberfläche zeigt, auf der die Haare nicht wachsen, sondern aufgeklebt sind. Dieselben Unterschiede lassen sich an allen Stellen erkennen, an denen der Steinhäusersche Kopf genügend erhalten ist.

Aus diesen Gründen ist bei der ersten Bekanntmachung die Ansicht aufgestellt worden, dass der Steinhäusersche Kopf dem Original näher stehe, als die belvederische Statue, möglicher Weise ein Rest dieses Originals selbst sei [1]).

Dieser Ansicht hat Brunn Widerspruch entgegengesetzt in den Verhandlungen der Philologenversammlung zu Würzburg [2]).

Brunn erkennt die hervorgehobenen Unterschiede als thatsächlich vorhanden an; aber er beurteilt und erklärt sie auf andere Weise.

Das Original des belvederischen Apoll — so lässt sich der Kern der Brunnischen Aufstellung zusammenfassen — war von Bronze. Der Künstler der vaticanischen Statue hat die Eigentümlichkeiten des Bronzeoriginals im Marmor auf das treuste wiedergegeben. „Der vaticanische Kopf ist auch im Marmor eine Bronzearbeit, die sogar, um der Bronze möglichst nahe zu kommen, den Marmor gewissermaassen denaturirt, d. h. ihm eine künstliche Politur gegeben hat, um ihn, ähnlich wie das Metall, durch Glanz, Reflexe, Lichtbrechungen wirken zu lassen. Konnte der Künstler auch im Haar dem Metall nicht bis ins einzelnste der feinen Cisellirung folgen, wie wir sie an den vorzüglichsten Bronzen finden, so hat er doch in der feinen Gliederung und Theilung der Massen, in der Lockerung des Haares durch tiefes Unterschneiden u. a. der Wirkung der Bronze mit Glück nachgestrebt. Der Steinhäusersche Kopf ist reine Marmorarbeit, welche die Schärfe der Begrenzungen absichtlich meidet, welche durch die Weichheit, Mürbigkeit, das Durchsichtige, Fleischige des Materials mit dem sinnlichen Eindruck des Fleisches, der Wirklichkeit zu wetteifern unternimmt". „Der vaticanische Kopf ist eine höchst treue und sorgfältige Copie des Bronzeoriginals in Marmor; der Steinhäusersche dagegen eine Uebersetzung der Bronze in die Sprache oder den sehr abweichenden Dialekt des Marmors, die als Uebersetzung wohl immer ihren Wert behält, aber doch der genauen Copie oder Abschrift nie den Rang streitig machen darf". Bei dieser Uebertragung hat, nach Brunn, auch die geistige Eigentümlichkeit gelitten; der Steinhäusersche Kopf erscheint ihm ungöttlich, athletenartig. Während anderen die Formen des belvederischen Kopfes neben denen des Steinhäuserschen Kopfes elegant und anmutig, aber weniger tief empfunden, weniger lebensvoll, energisch und grossartig erschienen sind, findet Brunn umgekehrt überall die geistvollere Behandlung, die grössere Schönheit, die dem Gotte angemessenere Natur in dem vaticanischen Apoll.

Es ist vielleicht eher eine Vereinigung zu finden, wenn die Frage nach dem absoluten Werte der beiden Köpfe zunächst aus dem Spiel bleibt. Indem ich dem Steinhäuserschen Apoll den Preis der Schönheit zusprach, folgte ich, wie ich glaube, der von Brunn selbst in der Künstlergeschichte theoretisch vertretenen Richtung des Geschmacks, welche, von dem im vorigen Jahrhundert herrschenden Geschmack verschieden, ihren Ausgangspunkt von der Kenntniss der Parthenonsculpturen nahm, und das Schönheitsideal der perikleischen Zeit höher stellt als dasjenige der spätern Kunstvollendung. Aber die Aufgabe der Archäologie ist nicht die Abschätzung, sondern die Erkenntniss der verschiedenen Schönheitsideale innerhalb der Entwickelung der antiken Kunst.

Dass das Original des belvederischen Apoll von Bronze gewesen sei, ist eine bisher unerwiesene Hypothese. Die Behandlung des Haares ist dieselbe, wie sie häufig in Marmorwerken vorkommt; wenn die Unterarbeitung der Marmortechnik Schwierigkeiten bot, so sind diese Schwierigkeiten für den Guss eher grösser als geringer. Das Haar bei Bronzewerken ist mit Vorliebe anliegend und cisellirt, oder in gedrehten Locken, oder in freien, kurzen Locken gearbeitet, am öftersten und hauptsächlichsten in den Manieren, für welche der auf Polyklet zurückgeführte Doryphoros, der der Richtung des Pasiteles zugeschriebene Apoll aus Pompei, der lysippische Apoxyomenos als Beispiele dienen können. Eine dem vaticanischen Kopfe genau entsprechende Haarbehandlung mit starker Unterarbeitung scheint man bei Bronzewerken eher gemieden, als gesucht zu haben; die Behandlung des Haares an der Petersburger Bronze ist etwas vereinfacht.

Dass an den nackten Theilen der vaticanischen Statue 'Knappheit und Schärfe in der Begrenzung der Formen lebhaft an die Eigentümlichkeiten des Bronzestils erinnern', werden vermutlich nicht alle Beschauer zugeben.

Die doppelt geschlungene Chlamys endlich ist ein brillantes Effektstück des technischen Könnens für die Marmorarbeit, nicht für Bronze. Der Stoff des Chlamys erscheint nicht wollenartig, sondern glatt. Aber die spätere Marmorsculptur hat nachweislich die verschiedenartigsten Zeugstoffe nachgebildet [3]).

Wenn dem Künstler des vaticanischen Apoll ein Bronzeoriginal vorlag, so würde ihm eine gewisse Selbständigkeit bei der Uebertragung im Marmor nicht wohl können bestritten werden.

Aber auch wenn die Hypothese eines Bronzeoriginals als richtig nachgewiesen würde [4]), so würde sie dennoch zur Erklärung der Unterschiede der beiden Apolloköpfe nicht ausreichen.

Für die ältere wie für die spätere Kunst lassen sich Merkmale erkennen, welche Marmor- und Bronzewerken gemeinsam sind. Wie stets das Material einen maassgebenden Einfluss auf die künstlerische Wiedergabe der natürlichen Formen ausübt, so hat ohne Zweifel die Ausbildung der Bronzetechnik auf die lysippische Vortragsweise und damit auf die gesammte spätere Kunst einen bedeutenden Einfluss ausgeübt. Aber der Unterschied des Materials ist nicht das allein maassgebende. Die beginnende Kunst ist die Sklavin des Materials: die vollendete Kunst bezwingt und beherrscht dasselbe. Wenn der lysippische Apoxyomenos mit dem sog. Theseus vom Parthenon verglichen wird, so kann niemand leugnen, dass der Apoxyomenos in den Formen eine reichere, detaillirtere, wenigstens eine im einzelnen schärfer angezeigte und bestimmter verfolgbare Gliederung aufweist. Man wird darüber streiten können, welchem von beiden Werken das Prädicat geistreich in höherem Grade zukomme, bei welchem der absolute Wert höher stehe; aber schwerlich darüber, dass der Theseus älter ist. Die Unterschiede des Theseus und des Apoxyomenos lassen sich aus der Verschiedenheit des Materials, für welches sie gedacht sind, allein nicht erklären; sondern das wesentliche und entscheidende ist die Verschiedenheit der Zeit. Der Diskobol in Palazzo Massimi zeigt nichts von demjenigen Bronzestil, welcher dem Apoxyomenos eigen ist.

Die lysippische Kunstweise hat deutlich bestimmenden Einfluss auf alle Gebiete der Kunst gewonnen, auch auf die Marmorsculptur. Es ist nicht zu erweisen, dass die ganze unzählige Masse von Marmorstatuen, welche die nachlysippische Vortragsweise oder Einflüsse derselben erkennen lassen — und dieselben zeigt in einer eigentümlich eleganten aber nicht allzu lebensvollen Ausbildung auch der vaticanische Apoll — in jedem einzelnen Falle auf ein besonderes Bronzeoriginal zurückzuführen seien. Es ist ebenso undenkbar, dass von der ganzen Masse von Marmorwerken, welche der Formauffassung der Parthenonsculpturen näher stehen, alle nur auf Marmorwerke, keines auf ein Bronzeoriginal zurückgehen sollten. Der Diskobol Massimi beweist das Gegentheil.

Wenn wir die beiden Apolloköpfe mit dem Diskobol Massimi, mit den Parthenonsculpturen, mit dem stehenden Diskobol oder anderen den Parthenonsculpturen verwandten Werken vergleichen, so steht diesen der Steinhäusersche Kopf näher, der vaticanische ferner. Wir müssen demnach — ganz abgesehen von der Frage nach dem Material des Originals — den Steinhäuserschen Kopf für älter, den vaticanischen für jüngeren Ursprungs halten: und zwar ist die Arbeit des Steinhäuserschen Kopfes von so sehr in die Augen springender Ursprünglichkeit und Frische, dass wir genötigt sind, nicht nur den Typus, sondern die Arbeit des Exemplars selbst einer älteren Periode zuzuschreiben.

Brunn spricht, allerdings da die Formen des Apolloideals im einzelnen noch nicht hinreichend untersucht seien nur mit Zurückhaltung, die Vermutung aus, dass dem Antlitz des Apoll in der Vorderansicht eine gewisse Breite und Fülle eigentümlich sei; dass also die knapperen Formen des Steinhäuserschen Kopfes eine Entartung bezeichnen würden. Ich möchte glauben, dass Brunn hier die Verschiedenheit der beiden Köpfe etwas überschätzt. Aber der Einwurf wird sich schwerlich als richtig erweisen. Die hochaltertümlichen Apollofiguren, welche den Ausgangspunkt für die stetig und consequent verlaufene Entwickelung des Apollotypus bilden, sind mager und knapp. Die schönen Apolloköpfe der Münzen von Katana und Leontion, die mir in Abdrücken vorliegen, zeigen in den älteren Typen knappe, schmale Formen, in den späteren rundliche, volle Formen. Diese Apolloköpfe sind in's Profil gestellt, aber die Charakteristik ist so klar und sprechend, dass sie nicht nur dem Profil eigen gewesen sein kann, sondern dem Typus selbst und damit jeder Ansicht auf gleiche Weise angehört.

Der Steinhäusersche Kopf repräsentirt demnach, wie in der kunstgeschichtlichen Entwickelung überhaupt, so auch in der Geschichte des Apolloideals eine ältere Stufe, als der vaticanische. Mit der Frage nach der höheren Altertümlichkeit ist zugleich die Frage, welcher der beiden Köpfe dem Original näher stehe, für uns als Original gelten könne, entschieden — gleichgiltig wie der allgemeine moderne oder ein individueller Geschmack über den absoluten Wert der beiden Köpfe urteilen möge.

1) Annali 1867 p. 134: *In somma l'impressione delle due teste irresistibilmente ci porta a credere che la vaticana sia copia assai esatta dell' altra, ma eseguita con manifesto studio di più grand' eleganza e morbidezza. Tal' impressione non vale a stabilire un fatto. Pure io finora non saprei, che cosa con fondamento possa opporsi a simile supposizione.*

2) Verhandlungen der Philologenversammlung zu Würzburg 1868 p. 90 ff. — Meinen Ausführungen haben beigestimmt, in den wesentlichen Theilen, O. Jahn in den populären Aufsätzen aus der Altertumswissenschaft p. 267 ff., Friederichs in seiner Besprechung des vaticanischen Apoll in den Bausteinen, W. Vischer in einem Vortrag auf der 11. Jahresversammlung des Vereins schweizerischer Gymnasiallehrer in Olten (Aarau 1871). Einen Theil meiner Ausführungen und einen Theil der Brunnischen billigt Overbeck Geschichte der griech. Plastik II² p. 256. Für Overbecks Ansichten ist noch seine Abhandlung in den Berichten der sächs. Gesellsch. der Wissenschaft 1867 p. 121 ff. zu vergleichen. Die Aussprüche eines ungenannten Künstlers in der archäologischen Zeitung 1869 sind nur als Zeugnisse eines individuellen, modernen Geschmacks lehrreich; archäologisch sind sie ohne Bedeutung, da sie auf einer ungenügenden Kenntniss antiker Kunst, auch des technischen derselben, beruhen. — Dass ich hier so wenig wie sonst auf den neuesten officiellen Katalog der Berliner Abgüsse Rücksicht nehme, wird, wie ich hoffe, jeder Einsichtige nur billigen. Es wird eine Benutzung desselben, abgesehen von allem anderen, den Archäologen schon deshalb nicht zugemutet werden können, weil darin die Angaben in Betreff des Thatsächlichen allzu häufig falsch sind. Auch bei dem Steinhäuserschen Kopf sind die Angaben des Katalogs falsch; der Verfasser scheint sich an dieser Stelle zugleich der Bedeutung seiner Worte nicht bewusst gewesen

zu sein: er würde sich sonst vermutlich gescheut haben, sich so auszudrücken wie er es gethan hat.

3) Brunn legt auf diese Glätte des Stoffes der Chlamys grosses Gewicht: »Bei dem Marmor, der wegen seiner leicht durchsichtigen Substanz einen Theil des Lichtes einsaugt, wird die Wirkung durch die grössere oder geringere Rundung der Massen und Flächen und durch den Gegensatz von Höhen und Tiefen in denselben hervorgebracht. Bei der Bronze dagegen wirkt wegen der Farbe, der Undurchsichtigkeit und des Glanzes des Materials weniger dieser Gegensatz von Höhe und Tiefe als eine Begrenzung der Flächen, die das Licht in bestimmter Weise bricht und reflectiren lässt. Ein feiner, weisswollener Stoff wird dem Künstler untadelige Motive für Marmorfalten darbieten; die Bronze dagegen liebt eine Behandlung der Flächen, wie wir sie in der Malerei bei der Darstellung glatter Seidenzeuge und fast im Extrem beim Atlas durchgebildet finden. Betrachten wir die Falten der Chlamys des Apollo unter diesem Gesichtspunkte, so werden wir unschwer bemerken, dass die Falten weit weniger auf den Gegensatz von Licht und Schatten, als auf Brechung des Lichtes, auf Reflex berechnet sind. Aus der weitgespannten Fläche heben sich nur wenige Hauptfalten höher, aber scharfkantig hervor. Dazwischen aber findet sich eine weit grössere Zahl sanfterer Hebungen und Brüche, die im Marmor für das Auge theilweise fast verschwinden, in der Bronze aber eben diese Fläche auf das feinste gliedern und beleben würden«. Dass nichtsdestoweniger die Ausführung der Chlamys in Marmor auch bei nicht künstlicher Beleuchtung von eigentümlich schönem, die Vorzüge des Materials auf das vorteilhafteste ausnutzendem Effekt sei, wird auch Brunn schwerlich bestreiten wollen.

4) Uebrigens habe ich mich in dieser wie in anderen Beziehungen in den Annali nicht ohne einige Reserve geäussert. Vergl. ebd. p. 135: ..... *Ma chi con la mente spregiudicata stette innanzi alla medesima statua vaticana e provò come l'incantesimo, che produce, non in piccola parte è dovuto all' effetto del marmo, egli difficilmente si sarà staccato dal credere che nella mente dell' artista il primo concepimento dell' idea di quella statua nascesse col pensiero di scolpirla in marmo. Ed ora il giudizio di questa naturale impressione chiarissimamente vien confermato.*

# Index.

Die Zahlen bezeichnen die fortlaufende Nummer.

## I. Abgüsse.

Aegeus 463.
Aegyptische Bildwerke 670—677.
Aeschines 505.
Aeschylos, sog. 494.
Aesop 510. 511 (?).
Alexander (?) 371. 371[a].
Alkibiades, sog. unter den Hetären 323.
Alkäos, sog. 505. Alkäos und Sappho (?) 12.
Amazonen 84. 84[a]. 147—151. 300. 301. 367. 479. 554.
Anakreon, sog. 495.
Anchises und Aphrodite 643.
Antinous 488. 531. 532.
Antinous, sog. vom Capitol 477.
Apoll 46. 65—67. 212. 391. 476 (?). 551. 561—562[a]. 625. — von Tenea 2. — auf dem Omphalos 73. — Sauroktonos 213. - vom Belvedere 296. Apollino 214. Apolloköpfe 3. 44. 73[b]. 392. 393. Apollo Steinhäuser 297. Vergl. p. 148 ff. — Pourtalès 298.
Aphrodite 264. 264[a]. 315—316. 376—384. 423. 553. 573—574[a]. 644. — von Melos 262 *). — von Capua 263. — Kallipygos 322. — und Adonis 596. — und Anchises 643.
Apotheose des Herakles 411. — des Homer 410.

Apoxyomenos des Lysipp 266.
Ara des Augustus 487. — Casali 488.
Argos (?) 464.
Ares 90. 390. 564. 565. Ares Borghese 389.
Ariadne 368.
Aristion 32.
Aristogiton 30.
Aristoteles 506.
Arm, Bruchstück eines rechten 302. — eines linken 262[b].
Artemis 50. 68. 211. — Colonna 210. — von Versailles 299.
Asklepios 281 (?). 282—284. 422. 648. 650.
Assos, Fries von 5.
Assyrische Bildwerke 678—683.
Athena 49. 137. 305—310. 424. 571. 572. 595[a]. — in Dresden 48. — Albani 83. — des Phidias 136. — von Velletri 303. — Giustiniani 304. — Sculpturen vom Tempel der, in Aegina 14—27.
Athena Nike, Sculpturen vom Tempel der, in Athen 141. 142.
Augustus 518. 519.
M. Aurel 533.

Bacchische Masken 439—441. 486.
Basis aus Sparta 8. — Borghese 56.

---

*) Zur Litteratur ist jetzt nachzutragen Veit Valentin Die hohe Frau von Milo. Berlin 1872. So dankbar ich für einige richtige Bemerkungen in dieser Schrift bin, so wenig kann ich das Resultat und die Methode derselben für glücklich halten, die aus vereinzelten, nicht in ihrem Zusammenhang erkannten Daten phantastische Folgerungen zieht. — Ferner hat Ravaisson seinen Aufsatz nun auch als selbständige Schrift erscheinen lassen.

Bellerophon und die Chimära 10.
Betender Knabe 268.
Bukranion 610.
L. Brutus, sog. 512.
M. Brutus, sog. 524.

Caesar 516. 517 (?).
Caligula 520. — sog. Geburt des 629.
Candelaberreliefs 69 (?). 70. 71. 72 (?). 445. 446.
Canoleius, Schale des 606.
Capitell, ionisches 607. — korinthisches 608.
Caracalla 542.
Chariten des Sokrates 43.
Cicero, sog. 515.
Circusfahrer 452.
Claudius 521.
Commodus 538.
Constantin, Bogen des 476.

Dacier 473—474.
Dädalos und Ikaros 261.
Delphine 621.
Demeter 139.
Demosthenes 504.
Diadumenos 87—89.
Diogenes 502.
Dionysos 429. 436. 457. 603. 604. 617. 620. — mit den Horen 62. 427. 428. — thronend 9. 437. — Einkehr des 428. — Geburt des 452. — Kindheit des 480. — Köpfe des 53. 153—154. 216—219. 295ᵃ. 625.
Dioskur 577.
Dioskuren, Köpfe der — von Monte Cavallo 275. 276.
Diskobol 146. 583. — des Myron 80. 81.
Domitian 530.
Domitius Corbulo 523.
Doppelhermen 53. 54.
Dornauszieher 399.
Doryphoros des Polyklet 85.
Dreifussstreit 57—59.
Dreifussbasis, Dresdener 57.

Eber 549.
Eirene mit Plutos 152.
Eleusis, Relief von 139.
Endymion und Selene 484.
Erechtheion, Fries vom 145. — Karyatide vom 144.

Erichthonios, Geburt des 412.
Eros 428. 444—446. 313 (?). 575. 576. 596ᶜ. 621. — von Centocelle 215. — mit dem Bogen 311. 312. — mit Ebern fahrend 443. — und Anteros 442. — und Psyche 314. — sog. Elginscher 212.
Etruskische Bildwerke 651—669.
Euripides 498. 499.

Faune à la tache 358.
Faustina, jüngere 535.
Fechter, sog. Borghesischer 373. — sog. Faganscher 267. — sog. sterbender 366.
Figuren, weibliche 333. 350—352. 599—601.
Frau, sitzende 585. — wagenbesteigende 35. — mit Kuh 143.

Galba (?) 525.
Gallier, sterbender 366.
Ganymed 237.
Gefässe 408. 409. 605. 606. 622—636.
Germanicus, sog. 514.
Gewandfigur 334.
Gorgoneion 28.
Grabreliefs 31—33. 37. 174—185.

Hand, Bruchstück einer linken 262ᵃ.
Harmodios 29.
Harpyienmonument 38.
Hebe 193. 209.
Henkel und Füsse von Geräten 637—639.
Hephäst 287. 416. 621. 560. 560ᵃ.
Hera 207. — Farnese 82. — Ludovisi 206. — Pentini 208. — sog. und Thetis 417.
Herakles 256. 257. 374. 375. 579—581. — Farnese 254. 255. — mit dem Dreifuss 57—59. — mit der Hindin 69. — mit den Kerkopen 6. — mit dem Löwen 465. 578. — mit Stier 466. — Einführung des, in den Olymp 60. — Keule des 621ᵃ.
Hermaphrodit 319—321.
Herme, männliche 594. — vierköpfige 55.
Hermes 47 (?). 289. 290. 563. Köpfe des 52. 53. 291—293ᵃ.

Heros 258.
Hestia Giustiniani 74.
Hippokrates, sog. 500.
Hippolytos 544.
Hirte 428.
Hirtin 428.
Hochzeit des Zeus und der Hera 60.
Homer 509.
Horen 466. 468.
Hypnos 294.

Ildefonso, Gruppe von 478.
Ilioneus, sog. 236.
Iliupersis 630.
Indische Bildwerke 684—686.
Inopos, sog. 244.
Iphigenia, Opfer der 407. 627 (?).
Isis 403. 404.
Isokrates 503.

Jagd, kalydonische 13.
Jüngling, sitzend 582. — und Mädchen 597.

Kästchen, Ornamente von einem 649.
Käuzchen 593.
Kampf bei Schiffen 265.
Karren 451.
Karyatide 144. 144a.
Kentauren 428.
Kitharödenreliefs 65—67.
Knaben 271. 272.
Knäbchen mit der Gans 270.
Komödienscene 448.
Kopf mit Flügeln 295.
Köpfe, weibliche 324. 331. 332. 335—346. 586. 595. — mit Mauerkrone 347. 348.
Kora 139. 523.
Korybanten 420.
Kranzgesims 609.
Krieger aus dem Kampfe kehrend 34.

Lampen 640—642.
Landmann mit Kuh 449.
Laokoon 372—373.
Leda 317. 318.
Leukippiden, Raub der 481. 482.
Liber und Libera 646.
Löwe 550.
Löwenthor von Mykenä 1.

Mädchen, mit Astragalen 273. — zur Quelle schreitend 274.

Mänaden 238—240. 457. 458. 460. 615. 618.
Magna mater, Tempel der 611.
Mann, alter mit Kind 602.
Marsyas 365. — des Myron 79.
Maussolos 156.
Maussoleum, Relief vom 157. 158.
Medea und die Peliaden 170.
Medusa Ludovisi 369. — Rondanini 370.
Menandros 507.
Menelaos mit dem gefallenen Patroklos 248—252.
Mören 425.
Musen 324 (?). 325—330. 483.

Narkissos 388. 388a. 477 (?).
Nemesis, sog. 584.
Nereiden 345.
Nereidenmonument 159—167.
Nero 522.
Nike 385. 386. 424. 462.
Niobe und Niobiden 223—234.

Odysseus 259. — und Tiresias 260.
Okeanos, sog. 247.
Olympia, Sculpturen aus 92—123.
Omphale, sog. 401. 402.
Opfergeräte 610.
Orestes 398. — und Pylades 235.
Orpheus und Eurydike 169.

Palämon, sog. 246.
Palmette in Relief 609a.
Pan 63. 362. 569. 570.
Panther 591.
Paris 252. 253.
Parthenon, Sculpturen vom 124—135.
Pasquino 248.
Pelops und Hippodamia 469.
Penelope 42.
Penthesilea 41.
Persephone 139. 423.
Perseus und die Medusa 7. 11.
Pferdeköpfe 129. 545—547.
Pherekydes, sog. 489.
Phigalia, Reliefs von 140.
Phokion, sog. 493.
Pisistratos, sog. 490.
Platon 501.
Porträtkopf, männlicher 534. 539—541. — weiblicher 536.
Porträtbüste, römische in Relief 526.

Poseidon 285. 286. 485.
Priamos (?) 447.
Psyche 314. 387.
Pyrrhichisten 420. 627ᵃ.

Reliefs, griechische 34. 171. 173. 190—205.
Rhea Silvia 488. 631.
Ringer 269.
Roma 405. 406.

Salpion, Vase des 409.
Samothrake, Relief von 4.
Sappho, sog. 339—342. — mit Alkäos (?) 12.
Satyr 220—221. 355—359. 427—430. 433—436. 439 (?). 456—459. 552. 567. 568. 615—618. 620. 625. 627. 627ᵃ. — Barberini 254. — und Mänade 434. Satyrn in der Werkstatt des Hephäst 418.
Satyrmädchen 360. 351.
Schleifer 364.
Sessel, des Dionysospriesters 612. — Relief von einem 613.
Severus Alexander 543.
Scipio Africanus 513.
Selinus, Metopen von 6. 7.
Seneca, sog. 508.
Sikyon, Statuette aus 86.
Silen 362. 427—430. 432. 436. 506. 604. 605. 617. 618. — Borghese 353. — mit dem kleinen Dionysos 222.
Sophokles 497.
Sosibios, Vase des 408.

Sphinx als Tischfuss 614.
Städte 349.
Stiere 587—590.

Tänzerin 241—243. 598.
Themistokles, sog. 491. 492.
Theseion, Sculpturen vom 75—78.
Theseus 463.
Thetis, sog. und Hera 417.
Thusnelda, sog. 400.
Tiberius, das sog. Schwert des 647.
Todtenmal, sog. 186—189.
Torso, des Herakles 374.
Torsi, männliche 394—397.
Traianssäule 475. 475ᵃ⁻ˡ.
Triton 245.
Tyche 64.

Vasen, von Marmor 408. 409. 622—627ᵃ.
Vase, Portland 628.
Venus, accroupie 315. — von Capua 263. — von Milo 262. Vergl. Aphrodite.
L. Verus 537.
Vitellius 527—529.

Wagenlenker 40. 415.
Wagenlenkerin 413. 414.
Widderkopf 548.

Zeus 278. 419. 421. 424. 555—558. — Otricoli 277. — Talleyrand 51. Zeus Serapis 279. 280. 559.
Ziege 592.
Zwölfgötteraltar 56.

## II. Originale.

Apollon, Büste des 701.
Aristophanes 688.
Athena 694.
M. Aurel 690.

Bellerophon 719.

Capricorn 703.

Dionysos 712. 713. — Kindheit des 697.

Euripides 687.
Εὐθυμίδης ἔγραφε 718.

Flötenspielerin 718.
Frau mit Weinkrug 717.

Gorgoneion 692.
Grabmal 704. 708—710.
Grabrelief 695.

Hand, Fragment einer weiblichen linken 691.
Herakles 711.
Hermes 723.

Iobates 719.
Jüngling mit Strigel 716.

**K**rieger 696. 713. 715.

**L**ampen 705—707.
Leierspielerin 714.
Lekythoi, attische 708—710.

**M**antelfiguren 719.
Marmorwerke 687—693. 695—698.
Μεγακλῆς καλός 718.
Menandros 688.
Mohr 689.

**P**alästra 716.
Prötos 719.

**S**atyr, Maske eines 698.
Sarkophagrelief 696. 697.

Silen, Kopf eines 693.
Σμίκυθος 718.
Sophokles 687.
Stirnziegel 702.

**T**änzerinnen 699. 700.
Terracotten 699—707.
Thiasos 720.
Trinkgelage 718.
Triton 711.

**V**asen, mit schwarzen Figuren 711—715. — mit roten Figuren 716—721.
Victoria 703.

**W**eltkugel 703.

Druck von Carl Georgi in Bonn.

Taf. II.

CPSIA information can be obtained at www.ICGtesting.com
Printed in the USA
BVOW07s2026160414

350848BV00016B/628/P